朗阁海外考试研究中心
Research Academy for Foreign Language Examinations

欧风日韩道·韩语丛书

한국어

新视角
韩国语2

李雪娇 贾莉莉 编著

宁 珂 王 娜
钱 巍 张迎晨 参编人员

上海交通大学出版社
SHANGHAI JIAO TONG UNIVERSITY PRESS

内容提要

本套教材初级阶段由 1、2 两册组成。本册教材为初级 2，课文部分主要包括课文、单词、语法此类基础板块，此外，为帮助学习者巩固语法知识，锻炼韩语听、说、读、写的能力，同时还设有贴近韩国文化生活的活动练习，让学习者在学习过程中体言韩国文化，同时在题型、话题上也更贴近韩国语能力等级考试题目。

图书在版编目（CIP）数据

新视角韩国语 . 2 / 李雪娇,贾莉莉编著 . —上海:上海交通大学出版社,2018
ISBN 978-7-313-19344-5

Ⅰ.①新… Ⅱ.①李…②贾… Ⅲ.①朝鲜语－教材 Ⅳ.①H55

中国版本图书馆 CIP 数据核字（2018）第 292689 号

新视角韩国语2

编　　著：李雪娇　贾莉莉
出版发行：上海交通大学出版社　　　　　　　　地　　址：上海市番禺路951号
邮政编码：200030　　　　　　　　　　　　　　电　　话：021-64071208
出 版 人：谈　毅
印　　制：常熟市文化印刷有限公司　　　　　　经　　销：全国新华书店
开　　本：787mm×1092mm　1/16　　　　　　印　　张：14.5
字　　数：211千字
版　　次：2018年12月第1版　　　　　　　　　印　　次：2018年12月第1次印刷
书　　号：ISBN 978-7-313-19344-5/H　　　　　ISBN 978-7-88941-271-1
定　　价：49.00元

使用说明

本教材是为学习韩国语的中国人学习者编写的韩国语系列教材中的初级阶段教材。本教材以使韩语学习者掌握基础语法,并能很好地活用到日常会话中,提高学习者的语言沟通能力为目标。

本套教材初级阶段由1、2两册组成。本册教材(初级2)主要由课文部分构成。本册教材共有20篇课文,为了加强学习者对知识点的巩固,其中每四课后为一个单元小结。课文部分按照题目、学习目标、课文、单词、深化词汇、语法、活动Ⅰ、活动Ⅱ、补充单词的顺序构成。

本教材选取了与课文主题相关的重要句子作为每课的课文题目。

〈学习目标〉部分列举出了每一课所需要掌握的交流技能、语法和词汇等内容。

〈课文〉部分设定了与每课主题相关的最具代表性的对话场景。每篇课文前设有1~2个问题,为了更好地帮助学习者理解文章内容,课文部分配有相关插图。每篇课文均配有录音,学生可以通过跟读练习韩语发音,亦可通过听文章回答问题来加强听力训练。

〈课文单词〉部分为课文正文中出现的陌生单词。

〈深化词汇〉部分对每课主题和交流技能相关的词汇进行了扩充,可以做替换练习,使学习者更熟练地掌握文章内容以及表达方式。

〈语法〉部分,对课文中出现的语法进行了相关解释说明。为了帮助学生更好地理解并活用,每个语法配有4个左右的例句,各别配有相关表格,目的是更好地加强学习者对重点、难点语法的理解与掌握。

本册教材为了更好地促进学习者对韩国语听、说、读、写全方位的掌握,亦为了帮助大家更好地通过韩国语能力考试,在练习部分设置了两大活动版块。〈活动Ⅰ〉部分,主要是针对课文语法进行的相关练习,目的是通过练习的方式对语法知识点进行活用与记忆。〈活动Ⅱ〉部分,围绕每一课的主题及相关语法进行听、说、读、写练习。本部分练习题在内容上既紧密贴近韩国生活实际,在模式上也做到了多样化与趣味性,同时也符合了韩国语能力等级考试的相关主题。本教材为初级教材,考虑到初级学习者阶段学习特点,因此听说练习所占比重较大。

〈补充词汇〉部分为语法和练习中所出现的单词。

附录部分分为了听力原文、答案以及索引。索引部分分为了单词查找以及语法查找,对每一课出现的词汇和语法按照词典中韩语的顺序进行了整理,同时备注了所属课节,方便学习者查找与记忆。

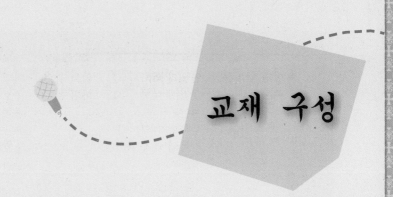

교재 구성

	제목	기능	심화 어휘	문법 및 표현	활동
제1과	집에 있는 동안 뭘 했어요?	- 방학생활에 대해 이야기하기 - 시도 표현하기 - 형용사로 묘사하기	- 형용사	- (으)ㄴ - 는 동안 - (으)ㄴ/는데 -아/어/여 보다	- 전환의 내용을 나타내는 문장 만들기 - 일정 시간 동안에 한 일 말하기 - 형용사 관형형 만들기
제2과	시간이 있을 때 보통 뭘 해요?	- 여가 생활에 대해 이야기 - 동사의 관형 표현 - 선택을 표현하는 문장 만들기	- 영화 관련 어휘	- (으)ㄴ/는/ (으)ㄹ - 중에서 - (으)ㄹ 때 - 거나	- 동사 관형형 만들기 - 일정 시간이나 상황에서 할 일에 대한 말하기
제3과	취미가 뭐예요?	- 취미에 대한 이야기 - 행동의 이유나 원인 말하기 - 어떤 기능의 방법을 알기/모르기	- 취미 관련 어휘	- 이/가 되다 - (으)ㄴ 지 - (으)ㄹ 줄 알다/모르다 - (으)니까	- 사건의 경과 표현하기 - 이유에 대한 문장 만들기 - 취미에 대해 말하기 연습
제4과	저랑 같이 운동할까요?	- 운동에 대한 이야기 - 받은 상황에 대하여 말하기	- 운동 관련 어휘	- 에게서/한테서 - 'ㄷ'불규칙 - 지만 - (으)ㄹ 수 있다/없다	- 'ㄷ'불규칙 활용 연습 - 받는 상황에 대한 문장 만들기 - 대립된 문장을 연결하기 - 운동에 관련된 말하기 연습
제5과	종합 연습				

	제목	기능	심화 어휘	문법 및 표현	활동
제6과	어떤 남자를 좋아하세요?	- 인물의 외모나 성격에 대한 이야기 - 부사형을 익히기 - 경향에 대한 말하기 - 자신의 추측을 말하기	- 외모 관련 어휘	- 처럼 - (으)ㄴ/는 편이다 - 게 - (으)ㄹ 것 같다	- 경향을 나타내는 문장 만들기 - 추측에 대한 문장 만들기 - 부사형 문장의 듣기 연습
제7과	상하이에 가 본 적이 있나요?	- 소개팅에서의 대화 연습 - 원인에 대해 이야기 - 친절하게 의향 묻기 - 경험한 일에 대한 이야기	- 결혼 관련 어휘	- 기 시작하다 - 기 때문에 - 나요?/ 　(으)ㄴ가요?/ 　(으) 　ㄹ건가요?; - (으)ㄴ 적이 있다/없다	- 행동의 이유나 원인에 대한 문장 만들기 - 친절하고 다정하게 질문하기 - 경험한 일에 대해 말하기 연습
제8과	지금 회색밖에 없습니다	- 쇼핑 관련된 표현 - 목적와 의도 말하기	- 색깔 관련 어휘	- (으)려면; - 기 전에; - 'ㅎ'불규칙 활용; - 밖에	- 쇼핑에 관련된 말하기 연습 - 목적에 대한 문장 연습
제9과	친구 집에 가기로 했어요	- 계획 세워 말하기 - 금지의 부탁하기 - 양보문 익히기	- 금지 관련 어휘	- 기로 하다; - 지 말다; - 아/어/여 보이다; - 아/어/여도	- 계획에 대한 문장 만들기 - 금지의 문장 만들기 - 양보문에 대한 말하기 연습
제10과	종합 연습				
제11과	짧게 잘랐으면 좋겠어요	- 머리를 하기에 관한 표현 - 의도와 희망 말하기	- 머리 관련 어휘	- (으)면 좋겠다 - 는 게 어때요? - 느라고	- 희망 사항에 대한 문장 만들기 - 이유에 대한 문장 만들기 - 미용 관련 말하기 연습
제12과	가 볼 만한 곳이 어디예요?	- 칭찬하기 - 동시에 일어나는 행동 표현하기	- 관광지 관련 어휘	- (으)ㄹ 만하다 - 자마자 - (으)면서	- 칭찬에 대한 문장 만들기 - 동시에 일어나는 행동이나 상황에 대해 말하기 연습

	제목	기능	심화 어휘	문법 및 표현	활동
제13과	시험에 떨어질까 봐 걱정돼요	- 걱정하기 - 결과에 대한 이유 말하기	- 감정 관련 어휘	- (으) ㄹ까 봐 (서) - 고 나서 - 거든요	- 걱정에 대한 문장 연습 - 이유에 대해 익히기
제14과	한국 예절에 대해 알고 싶어요	- 문어체 반말 표현 알아보기 - 주제에 지정해서 말하기 - 동시에 일어나는 행동을 말하기	- 예절 관련 어휘	- 에 대해 (서) - 문어체 문장 어미 - (으) 며	- 문어체 반말 문장 연습 - 동시에 일어나는 행동이나 형태에 대한 문장 연습 - 주제 정하여 말하기 연습
제15과	종합 연습				
제16과	넘어질 뻔했어요	- 일어날 뻔한 일에 대하여 이야기하기 - 목표 표현하기	- 실수 관련 어휘	- 군요 / - 구나 - 만에 - (으) ㄹ 뻔하다 - 기 위해 (서)	- 중단된 사간 경과에 대하여 문장 연습 - 일어날 뻔한 사건에 대하여 표현하기 - 목적과 의도 말아기
제17과	배탈인가 봐요	- 추측하기 - 행위 중 새로운 상황의 발생에 대하여 말하기	- 통증 관련 어휘	- 나 보다/ (으) ㄴ가보다 - 'ㅅ'불규칙 - 다가 - (으) ㄹ 테니까	- 추측에 대한 문장 연습 - 'ㅅ'불규칙 활용 연습 - 아픈 증상 말하기
제18과	한국 생활은 어때요?	- 사동형 문장으로 표현하기 - 대상을 비교하여 말하기	- 한국 생활 관련 어휘	- 게 되다 - 에 비해서 - 는데 (2) - 뿐만 아니라	- 사동형으로 상황을 설명하기 - 상황을 비교하여 표현하기 - 자연스럽게 문장 잇기
제19과	원룸을 구하고 싶어요	- 집 구하기 - 정도에 대한 표현 - 선택에 대한 말하기 표현	- 이사 관련 어휘	- (이) 든지 - 만큼 - 기만 하면 되다	- 집 구하기에 관한 말하기 연습
제20과	종합 연습				

教材结构

	题　目	学习要点	深化词汇	语法与表达	活　动
第1课	在家期间做了什么?	- 聊一聊放假生活 - 关于试图的表达 - 形容词的不定式表达	- 形容词	- (으)ㄴ - 는 동안 - (으)ㄴ/는데 - 아/어/여 보다	- 表达轻微转折关系的句子练习 - 练习关于期间做得事的会话练习 - 形容词不定式的相关练习
第2课	有时间的时候一般都做什么?	- 聊一聊闲暇生活 - 动词的不定式表达 - 表达选择的句子学习	- 电影相关词汇	- (으)ㄴ/는/(으)ㄹ - 중에서 - (으)ㄹ 때 - 거나	- 动词不定式的相关练习 - 某一时候做某些事的相关句子练习
第3课	兴趣是什么?	- 聊一聊关于兴趣的相关话题 - 说一说行动的理由或原因 - 会做 / 不会做某事的表达	- 兴趣相关词汇	- 이/가 되다 - (으)ㄴ지 - (으)ㄹ 줄 알다/모르다 - (으)니까	- 表达某事结果的练习 - 关于理由的句子练习 - 关于兴趣的会话练习
第4课	和我一起去运动吗?	- 聊一聊运动 - 关于接受的表达	- 运动相关词汇	- 에게서/한테서 - 'ㄷ'불규칙 - 지만 - (으)ㄹ 수 있다/없다	- "ㄷ"不规则活用练习 - 关于收到的情况的相关练习 - 连接对立句子的练习 - 运动相关的会话练习
第5课	综合练习				
第6课	喜欢什么样的男生?	- 关于人物的外貌和性格的表达学习 - 熟悉副词型 - 关于倾向的学习 - 关于推测的会话学习	- 外貌相关词汇	- 처럼 - (으)ㄴ/는 편이다 - 게 - (으)ㄹ 것 같다	- 表达倾向的句子练习 - 关于推测的句子练习 - 副词型句子的听力练习

	题　目	学习要点	深化词汇	语法与表达	活　动
第7课	你去过上海吗?	- 关于相亲的话题 - 原因 - 亲切的表示疑问 - 聊一聊经历过的事	- 结婚相关词汇	- 기 시작하다 - 기 때문에 - 나요?/ 　(으)ㄴ가요?/ 　(으) 　ㄹ건가요?; - (으)ㄴ 적이 　있다/없다	- 关于行动的理由或原因的句子练习 - 亲切的表示提问的语尾练习 - 关于经历过的事的会话表达练习
第8课	现在只有灰色的	- 关于购物的表达学习 - 目的和意图	- 颜色相关词汇	- (으)려면 - 기 전에 - 'ㅎ'불규칙 　활용; - 밖에	- 关于购物的会话练习 - 关于目的的句子练习
第9课	决定去朋友家了	- 确立计划 - 关于禁止的拜托 - 让步	- 禁止相关词汇	- 기로 하다; - 지 말다; - 아/어/여 　보이다; - 아/어/여도	- 关于决定计划的句子练习 - 关于禁止的句子练习 - 关于让步的会话练习
第10课	综合练习				
第11课	给我剪短一点就好了	- 聊一聊理发 - 关于意图和希望的表达学习	- 头发相关词汇	- (으)면 　좋겠다 - 는 게 어때요? - 느라고	- 关于希望的句子练习 - 关于说明原因的句子练习 - 关于美容的会话练习
第12课	有值得一去的地方吗?	- 称赞 - 关于做完某事马上做另一件事的表达学习	- 观光地相关词汇	- (으)ㄹ 　만하다 - 자마자 - (으)면서	- 关于称赞的句子练习 - 关于做完某事马上做另一件事的表达练习
第13课	担心考不上	- 担心 - 在语尾中说明原因的表达学习	- 感情相关词汇	- (으)ㄹ까 봐 　(서) - 고 나서 - 거든요	- 关于担心的句子练习 - 关于理由的句子练习
第14课	想知道韩国的礼节	- 书面语一般阶的表达学习 - 关于某一主题的表达学习 - 同时发生某事的表达学习	- 礼节相关词汇	- 에 대해 (서) - 문어체 문장 　어미 - (으)며	- 书面语一般阶的句子练习 - 同时发生某一动作或者状态的句子练习 - 指定关于某一主题的会话练习

	题 目	学习要点	深化词汇	语法与表达	活 动
第15课	综合练习				
第16课	差点摔倒了	– 聊一聊差点发生某事 – 关于目标的表达学习	– 失误的相关词汇	– 군요 / -구나 – 만에 – （으）ㄹ 뻔하다 – 기 위해（서）	– 关于间隔时间的句子练习 – 关于差点发生某事的句子练习 – 与目的意图相关的会话练习
第17课	好像闹肚子了	– 推测 – 关于行动过程中转而变成另一行动的表达学习	– 痛症相关词汇	– 나 보다/ （으）ㄴ가보다 – 'ㅅ'불규칙 – 다가 – （으）ㄹ 테니까	– 关于推测的句子练习 – "ㅅ"不规则活用联系 – 关于痛症的会话练习
第18课	韩国生活怎么样?	– 使动型句子的表达学习 – 关于比较的表达学习	– 韩国生活相关词汇	– 게 되다 – 에 비해서 – 는데（2） – 뿐만 아니라	– 使动型句子的练习 – 比较和表达情况 – 自然的连接句子的表达练习
第19课	我想找个一居室	– 找房子 – 关于程度的表达 – 关于选择的表达学习	– 搬家相关词汇	– （이）든지 – 만큼 – 기만 하면 되다	– 与找房子相关的会话练习
第20课	综合练习				

차 례

등장인물 소개

한혜진
韩慧珍
韩国人　大学生　20岁

리자
Lisa
美国人　大学生　21岁

존
John
美国人　大学生　21岁

이설
李雪
中国人　大学生　19岁

분티안
芬狄安
柬埔寨人　大学生　22岁

왕영
王英
中国人　大学生　20岁

김신
金信
韩国人　大学院生　25岁

사토미
里美
日本人　大学生　20岁

무한
穆寒
中国人　公司职员　27岁

류민호
柳民浩
韩国人　大学生　20岁

제 **1** 과

집에 있는 동안 뭘 했어요?

학습 목표

과　　　제: 방학 생활

심화 어휘: 형용사

문　　　법: -(으)ㄴ; -는 동안;

　　　　　 -(으)ㄴ/는데; -아/어/여 보다

질문

1. 이설 씨가 집에 있는 동안 무엇을 했습니까?
2. 분티안 씨가 전에는 이탈리아에 가 봤습니까?

课文 ♪

분티안: 안녕하세요? 이설 씨. 오랜만이에요.

이　설: 안녕하세요? 분티안 씨. 방학 동안 잘 지냈어요?

분티안: 네. 이설 씨도 고향 집에 잘 다녀왔지요?

　　　　고향 집에 있는 동안 뭘 했어요?

이　설: 친구도 만나고 맛있는 음식도 많이 먹었어요.

분티안: 이설 씨는 어떤 음식을 좋아하세요?

이　설: 저는 매운 음식을 좋아하는데요.

　　　　그래서 집에 있는 동안 샤브샤브를 제일 많이 먹었어요.

분티안 씨는 방학 동안 어디에 갔어요? 얼굴이 좀 탔네요.

분티안: 저는 이탈리아에 여행을 갔다 왔어요.

이　설: 분티안 씨 전에는 이탈리아에 안 가 봤어요?

분티안: 네, 전에는 유럽에 가 봤는데 이탈리아는 처음이에요.

이　설: 이탈리아는 어때요?

분티안: 멋진 건물도 많고 예쁜 여자도 많아서 너무 좋아요.

이　설: 그래요? 시간이 있으면 저도 한 번 가 보고 싶어요.

课文单词

지내다【自】度过；相处	샤브샤브【名】火锅
전【名】前，之前	이탈리아【名】意大利
유럽【名】欧洲	건물【名】建筑
타다【自】晒，燃烧；【他】乘，坐	멋지다【形】美，帅，有意思

✿ 심화 어휘

[형용사]

재미있다	有意思	재미없다	没意思
즐겁다	享受	바쁘다	忙
한가하다	清闲	심심하다	无聊
잘 있다	过得好	별일 없다	没什么事

문법

① -(으)ㄴ

冠形词词尾①,用于形容词词干后,和前面的定语句一起修饰后面的名词,表示现在的状态。但"재미있다/재미없다"、"맛있다/맛없다"等带有"-있다/없다"的形容词词干后要用"-는"。

보기: 1) 친구에게 예쁜 옷을 선물했어요. 给朋友买了漂亮的衣服作礼物。

　　　2) 날씨가 너무 추워요. 따뜻한 커피를 한 잔 먹고 싶어요. 天气太冷了,想喝一杯热咖啡。

　　　3) 사토미 씨는 짧은 치마를 좋아해요. 里美喜欢短裙子。

　　　4) 어제 재미있는 영화를 봤어요. 昨天看了有趣的电影。

② -는 동안

用于动词词干后,表示一定的时间。相当于汉语中的"在……期间"。名词后直接加"동안"。

보기: 1) 아이가 자는 동안 집 청소를 좀 했어요. 孩子睡觉的时候打扫了家里。

　　　2) 제가 숙제를 하는 동안 동생이 과자를 다 먹었어요. 我做作业的时候弟弟把点心都吃光了。

　　　3) 한국에 사는 동안 여행을 많이 할 거예요. 在韩国生活期间要多旅行。

　　　4) 일주일 동안 병원에 있었습니다. 在医院待了一个星期。

---

① 冠形词词尾:是接于谓词之后,使谓词或谓词型短语成为其后面体词的定语,即修饰后面体词的词尾。

❸ -(으)ㄴ/는데(1)

连接词尾,用于连接两个内容相反的句子。相当于汉语中的"可是,但是"。动词词干及过去时后用"-는데";形容词词干后用"-(으)ㄴ데";名词后用"-인데"。

　　보기: 1) 가: 감기약을 먹었어요? 吃感冒药了吗?

　　　　　　나: 네, 약을 먹는데 아직 낫지 않아요. 是的,吃了药但是还没好。

　　　　2) 가: 이 원피스가 어때요? 这件连衣裙怎么样?

　　　　　　나: 예쁜데 너무 비싸요. 很漂亮,但是太贵了。

　　　　3) 가: 어제 어머니께 전화했어요? 你昨天给妈妈打电话了吗?

　　　　　　나: 네, 여러 번 전화했는데 받지 않았어요. 是的,打了好几次但是都没接。

　　　　4) 가: 그 사람이 한국 사람이지요? 那个人是韩国人吧?

　　　　　　나: 아니요, 그 사람이 중국 사람인데 한국말을 잘 해요. 不,他是中国人,但是韩语很好。

❹ -아/어/여 보다

　　(1)用于动词词干后,表示经历过某种行为。相当于汉语的"……过"。

　　보기: 1) 가: 한라산에 가 봤어요? 你去过汉拿山吗?

　　　　　　나: 네, 가 봤어요. 是的,去过。

　　　　2) 가: 설렁탕을 먹어 봤어요? 吃过牛杂碎汤吗?

　　　　　　나: 네, 몇 번 먹어 봤어요. 是的,吃过几次。

　　　　3) 가: 요즘 정신이 없어요. 너무 피곤해요. 最近没有精神,太累了。

　　　　　　나: 병원에 가 봤어요? 去过医院了吗?

　　　　4) 가: 한복을 입어 봤어요? 你穿过韩服吗?

　　　　　　나: 아니요, 치파오를 입어 봤는데 한복을 못 입어 봤어요. 没有,我穿过旗袍,但是没穿过韩服。

（2）用于动词词干之后，表示尝试进行某个行为。相当于汉语的"试一试……"。

보기: 1) 가: 냉면이 맛있습니까? 冷面好吃吗?

　　　나: 한번 드셔 보세요. 尝一下吧。

　　2) 가: 혜진 씨는 집에 있을까요? 慧珍在家吗?

　　　나: 전화해 보세요. 지금 집에 있을 거예요. 打个电话试试吧,现在应该在家。

　　3) 가: 남산 타워 어때요? 南山塔怎么样?

　　　나: 한번 가 보세요. 정말 멋있어요. 去一次吧,很好看。

　　4) 가: 이 옷이 예쁘네요. 这件衣服很漂亮啊!

　　　나: 마음에 들면 입어 보세요. 喜欢的话穿上试试吧。

활동I

① [보기]와 같이 쓰세요.

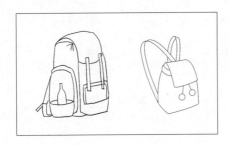

[보기]

무거운 가방　　　　가벼운 가방

（1）

（2）

_____

（3）

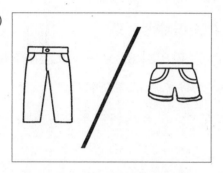

_____

（4）

_____

（5）

_____

② [보기]와 같이 두 문장을 연결하세요.

> **[보기]**
>
> 형은 키가 작다. / 동생은 키가 크다.
>
> 형은 키가 작은데 동생은 키가 큽니다.

(1) 왕영 씨는 요리를 잘 한다. / 이설 씨는 요리를 못 한다.

    _____.

(2) 저는 스테이크를 좋아한다. / 해물을 좋아하지 않다.

    _____.

(3) 어제 날씨가 너무 덥다. / 오늘은 좀 쌀쌀하다.

    _____.

(4) 주말에 제주도에 갔다. / 한라산에 가지 않았다.

    _____.

(5) 언니는 노래를 잘 부릅니다. / 저는 노래를 잘 못 합니다.

    _____.

활동 II

[듣기]

③ 잘 듣고 빈칸에 쓰세요. ♫

리자 : 왕영 씨, 생일 축하해요. 이건 선물이에요.

왕영 : 어, 제 생일을 (1) _____? 정말 고맙습니다.

      와, 아주 (2) _____ 모자군요.

리자 : 마음에 들어요? 한번 (3) _____.

왕영 : 네. 마음에 들어요. 색깔도 좋아요.

④ 잘 듣고 질문에 대답하세요. ♫

(1) 누가 사토미 씨입니까? (   )

①    ②    ③

(2) 저와 사토미 씨는 왜 가장 친한 친구입니까?

[말하기]

⑤ [보기]와 같이 옆 친구와 같이 이야기해 보세요.

> [보기]
> 저는 한국에 있는 동안 부산에 가 봤어요. 부산에서 맛있는 낙지를 먹었어요. 부산이 정말 아름다운 도시예요.

한국에서 어디에 가 봤어요?	거기에서 뭘 먹었어요?	거기가 어떤 곳이예요?
부산	낙지	아름답다

저는 _____

_____

_____

[읽기]

6 다음 글을 읽고 질문에 대답하세요.

> 저는 이번 방학 동안 고향에 들어가지 않았습니다. 대신에 제주도로 여행했습니다. 제주도의 경치가 아주 아름답습니다. 특히 해변에서 자전거를 탔을 때 기분이 많이 좋아졌습니다. 제주도에 맛있는 음식이 많이 있습니다. 갈치조림을 한번 먹어 봤습니다. 너무 맛있었습니다. 하지만 제일 유명한 흑돼지를 못 먹어 봤습니다. 다음에 가면 꼭 먹을 겁니다.

(1) 방학 동안 무엇을 했습니까?

(2) 제주도에서 제일 유명한 음식이 무엇입니까?

(3) 제주도에서 흑돼지를 먹어 봤습니까?

补充单词

정신【名】精神	낙지【名】章鱼
치파오【名】旗袍	파란색【名】蓝色
흑돼지【名】黑猪肉	착하다【形】善良
스테이크【名】牛排	가볍다【形】轻
입다【他】穿	차갑다【形】凉;冷淡
쌀쌀하다【形】冷,冷冰冰	마음에 들다 称心,中意

시간이 있을 때 보통 뭘 해요?

과   제: 여가 생활

심화 어휘: 영화 관련 어휘

문   법: -(으)ㄴ/는/(으)ㄹ; -중에서

　　　　　-(으)ㄹ 때; -거나

질문

왕영 씨가 잘 하는 요리는 무엇입니까?

课文1 ♩

한혜진: 왕영 씨는 시간이 나면 무엇을 해요?

왕　영: 저는 요리를 만드는 것을 좋아해요.

한혜진: 정말요? 저도 요리를 만드는 것을
　　　　좋아해요.
　　　　왕영 씨가 잘 하는 음식이 뭐예요?

왕　영: 중국 음식 중에서 탕수육, 만두, 자장면을 잘 만들어요. 혜진 씨는요?

한혜진: 저는 잡채, 김밥, 김치찌개를 제일 잘 만드는데요.

왕　영: 그래요? 저는 잡채를 너무 좋아해요. 혜진 씨가 만든 잡채를 한 번
　　　　먹고 싶어요.

질문

사토미 씨가 무서운 영화나 웃기는 영화를 좋아해요?

课文2 ♪

분티안: 사토미 씨는 시간이 있을 때 보통 뭘 해요?

사토미: 저는 극장에 가서 영화를 보거나 수영장에 수영하러 가요.

분티안: 저도 영화를 좋아해요. 사토미 씨는 어떤 영화를 좋아해요?

사토미: 저는 무서운 영화를 좋아하는데요. 분티안 씨는요?

분티안: 저는 웃기는 영화나 액션 영화를 좋아해요.

　　　　사토미 씨 내일 시간이 있어요? 우리가 같이 영화를 볼까요?

사토미: 네, 좋아요. 그런데 무슨 영화를 볼까요?

분티안: 사토미 씨가 좋아하는 공포 영화를 봅시다.

课文单词

탕수육【名】糖醋里脊	자장면【名】炸酱面
수영장【名】游泳场	무섭다【形】可怕
웃기다【自】逗, 可笑	액션【名】动作, 武打
공포【名】恐怖	

[영화]

공포 영화	恐怖电影	액션 영화	动作电影
코미디 영화	喜剧电影	전쟁 영화	战争电影
만화 영화	动画片	멜로 영화	爱情电影
공상 과학 영화	科幻电影	가족 영화	家庭电影

문법

1 –(으)ㄴ/는/(으)ㄹ

冠形词形词尾,用于动词词干后,和前面的定语句一起修饰后面的名词。过去时态用"–(으)ㄴ",表示动作已经结束;现在时态用"–는",表示现在持续的动作;将来时态用"–(으)ㄹ",表示事情还没发生。

보기: 1) 가: 누가 왕영 씨예요? 谁是王英?

　　　　나: 저기 치마를 입은 사람이 왕영 씨예요. 那边那个穿裙子的人是王英。

　　2) 가: 어제 본 영화 어땠어요? 昨天看的电影怎么样?

　　　　나: 생각보다 재미있어요. 比想象的有意思。

　　3) 가: 지금 먹는 음식이 뭐예요? 现在吃的是什么?

　　　　나: 지금 먹는 음식은 삼계탕이에요. 现在吃的是参鸡汤。

　　4) 가: 내일 할 일이 많으세요? 明天要做的事多吗?

　　　　나: 아니요, 내일 할 일이 많지 않아요. 不,明天要做的事不多。

　　5) 가: 오늘 점심을 먹을 음식이 뭐예요? 今天中午要吃的食物是什么?

　　　　나: 비빔밥이에요. 拌饭。

② – 중에서

用于体词后, 相当于汉语中的 "在……之中"。

보기: 1) 유학생들 중에서 왕영 씨는 한국말을 제일 잘 합니다. 留学生中, 王英韩语最好。

2) 한국말, 중국말과 일본말 중에서 중국말은 제일 어렵습니다. 韩语、中文和日语中, 中文最难。

3) 일주일 중에서 월요일을 제일 싫어합니다. 一周之中最讨厌周一。

4) 내가 읽은 책들 중에서 이 책은 제일 재미있습니다. 在我读过的书中, 这本最有意思。

③ –(으)ㄹ 때

用于谓词词干和过去时制语尾后, 表示动作和状态发生的时间。名词后直接加 "– 때"。相当于汉语中的 "~的时候"。

보기: 1) 시간이 있을 때 책을 읽습니다. 我有时间的时候就读书。

2) 극장에 들어갈 때 핸드폰을 끄세요. 进入剧场时请关掉手机。

3) 여름 방학 때 유럽 여행을 가려고 합니다. 暑假的时候想去欧洲旅游。

4) 제가 식당에 갔을 때 사람이 별로 없었습니다. 我去食堂的时候人不怎么多。

④ – 거나

用于谓词词干后, 表示选择。相当于汉语中的 "……或者……"。

보기: 1) 가: 이번 주말에 뭘 할 거예요? 这周末要做什么?

나: 이번 주말에 집에서 영화를 보거나 청소를 할 거예요. 这周末要在家看电影或者打扫卫生。

2) 가: 시간이 있으면 보통 무엇을 합니까? 有时间的话一般做什么?

나: 시간이 있으면 도서관에 가서 신문을 보거나 친구를 만납니다. 有时间的话去图书馆看报纸或者见朋友。

3) 가: 공부할 때 졸리면 어떻게 하세요? 学习时候如果困了的话会怎么办？

나: 공부할 때 졸리면 커피를 마시거나 음악을 듣습니다. 学习的时候如果困了就喝咖啡或者听音乐。

4) 가: 기분이 안 좋을 때 보통 무엇을 합니까? 心情不好的时候一般做什么？

나: 음악을 듣거나 잠을 잡니다. 听音乐或者睡觉。

활동 l

1 [보기]와 같이 쓰세요.

> [보기]
> 가: 지금 무슨 책을 읽고 있어요?
> 나: 지금 <u>읽는 책은</u> 잡지예요. (읽다)

(1) 가: 어제 백화점에서 뭘 샀어요?

　　나: 어제 백화점에서 ＿＿＿＿＿＿ 것은 옷이었어요. (사다)

(2) 가: 몇 시 수업을 들어요?

　　나: 오후 2시에 ＿＿＿＿＿＿ 수업을 들어요. (시작하다)

(3) 가: 친구에게 무슨 선물을 줬어요?

　　나: 친구에게 ＿＿＿＿＿＿ 선물은 옷이었어요. (주다)

(4) 가: 누구를 기다리고 있습니까?

　　나: 지금 ＿＿＿＿＿＿ 사람은 여자 친구예요. (기다리다)

(5) 가: 몇 번 버스를 탈 거예요?

　　나: 제가 ＿＿＿＿＿＿ 버스는 614번 버스예요. (타다)

❷ [보기]와 같이 대화를 완성하세요.

> [보기]
>
> 가: 언제 고향에 가고 싶어요? (몸이 아프다)
>
> 나: <u>몸이 아플 때 고향에</u> 가고 싶어요.

(1) 가: 언제 한국 생활이 힘들어요? (혼자 이사하다)

　　　나: _____.

(2) 가: 혜진 씨한테 언제 전화가 왔어요? (집에서 쉬고 있다)

　　　나: _____.

(3) 가: 언제 버스를 타요? (학교에 온다)

　　　나: _____.

(4) 가: 언제 라면을 먹어요? (밤에 배가 고프다)

　　　나: _____.

(5) 가: 언제 소설책을 읽어요? (심심하다)

　　　나: _____.

활동 II

[듣기]

❸ 잘 듣고 질문에 대답하세요. ♩

(1) 그 영화가 상을 받은 영화입니까?

(2) 여자 배우의 이름이 무엇입니까?

(3) 분티안 씨가 한국 여배우 중에서 제일 좋아하는 사람이 한유진입
니까?

④ 다음 글을 듣고 질문에 대답하세요. ♫
(1) 한국 사람들은 어느 숫자를 좋아합니까?

(2) 한국에서 게임 할 때 보통 한 번만 합니까?

[말하기]

⑤ 여러분은 시간이 있을 때 보통 무엇을 합니까? [보기]와 같이 옆 친구하고 이
야기해 보세요.

[보기]

혜진: 리자 씨는 시간이 있을 때 보통 뭘 해요?

리자: 저는 시간이 있을 때 수영하거나 드라마을 봐요.

혜진: 수영장에 자주 가요?

리자: 네, 일주일에 네 번쯤 가요.

혜진: 리자 씨는 좋아하는 드라마가 뭐예요?

리자: 저는 역사 드라마를 좋아해요. 혜진 씨는요? 시간이 나면
보통 뭘 해요?

혜진: 저는 여행을 좋아해요.

리자: 혜진 씨가 여행한 곳이 어디예요? 제일 좋아하는 곳이 어
디예요?

혜진: 저는 아시아하고 유럽에 다 가 봤어요.
제일 좋아하는 나라는 중국이에요.

리자: 진짜요? 저도 중국을 아주 좋아해요.

[읽기]

6 다음 글을 읽고 질문에 대답하세요.

> 저는 캐나다에서 온 스미스입니다. 한국 대학교에 다니고 싶어서 어학원에서 한국어를 9개월 배웠습니다. 처음에 한국에 왔(㉠) 못 먹는 음식이 많았습니다. 왜냐하면 저는 매운 음식을 잘 못 먹었기 때문입니다. 그리고 그 때는 수업할 때 못 알아듣는 말도 많아서 너무 힘들었습니다. 그런데 지금 익숙해져서 잘 지내고 있습니다. 한국 친구도 많이 사귀고 수업하(㉠) 알아듣는 말도 많아졌습니다. 요즘 제가 자주 먹는 음식은 비빔밥과 돈까스입니다. 그리고 저는 지금 태권도를 배우고 있습니다. 아주 재미있습니다. 학교 태권도 동아리에도 들었습니다. 처음 태권도를 배웠을 때는 좀 어려운데 점점 좋아졌습니다. 앞으로 한국에 있는 동안 한국 문화를 많이 배우고 여행도 많이 하고 싶습니다.

（1）（ ㉠ ）에 알맞은 것을 고르세요.

① 는데　　② ㄹ 때　　③ 는 동안　　④ 고

（2）스미스 씨가 처음에는 왜 힘들었습니까?

（3）스미스 씨가 요즘 좋아하는 음식이 무엇입니까?

（4）태권도를 배우는 것은 어렵습니까?

补充单词

영화제【名】电影节	숫자【名】数字
게임【名】游戏	가위바위보【名】剪刀石头布
아시아【名】亚洲	배우【名】演员
자막【名】字幕	아까【名、副】刚才
심심하다【形】无聊	끄다【他】熄灭, 关
이해하다【他】理解	알아듣다【他】听懂
익숙하다【形】熟练, 熟悉	동아리【名】团体, 趣味小组

취미가 뭐예요?

과   제: 취미

심화 어휘: 취미 관련 어휘

문   법: -이/가 되다; -(으)ㄴ 지;

　　　　 -(으)ㄹ 줄 알다/모르다; -(으)니까

질문

왕영 씨가 피아노를 배운 지 얼마나 되었습니까?

课文1 ♪

리자: 왕영 씨, 취미가 뭐예요?

왕영: 제 취미는 피아노를 치는 것이에요.

리자: 피아노를 배운 지 얼마나 되었어요?

왕영: 15년이 되었는데요.

리자: 정말요? 참 대단해요.

　　　 피아노를 배우는 것은 너무 어렵지요?

왕영: 좀 어려운데 피아노를 칠 때 기분이 좋아요.

　　　 리자 씨는 취미가 뭐예요?

리자: 제가 요즘 등산을 좋아해요.

특히 한국에는 산이 많아서 고향에 있을 때보다 더 자주 가요.

질문

김신 씨가 테니스를 칠 줄 압니까?

课文2 ♫

김신: 무한 씨, 무엇을 보고 있어요?

무한: 저는 전국 오픈 테니스 대회를 보고 있어요.

김신: 무한 씨는 테니스를 칠 줄 아세요?

무한: 네, 저는 테니스를 칠 줄 알아요. 테니스를 치는 게 제 취미예요.
    김신 씨는요?

김신: 저는 잘 칠 줄 모르는데 요즘에는 배우고 있어요.

무한: 그래요? 그럼 시간이 있으면 같이 할까요?

김신: 좋아요. 이번 주말에 시간이 있으니까 같이 합시다.

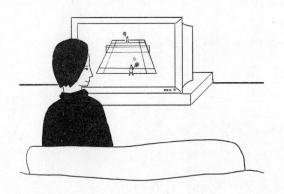

课文单词

취미【名】趣味,兴趣	대단하다【形】厉害
치다【他】打,敲	특히【副】特别,尤其
대회【名】大会,比赛	

🌸 심화 어휘

[취미]

낚시	钓鱼	만화 그리기	画漫画
악기 연주	乐器演奏	음악/영화 감상	音乐/电影鉴赏
독서	读书	바둑/장기 두기	下围棋/象棋
모형 만들기	模型制作	동전/우표 수집	集邮/集硬币

문법

1 – 이/가 되다

用于名词后，表示转成关系。 相当于汉语中的 "成为……"。

보기: 1) 가: 어릴 때 꿈이 무엇이었습니까? 你小时候的梦想是什么?

　　　　나: 선생님이 되는 것이었습니다. 想当老师。

　　　2) 가: 나중에 어떤 사람이 되고 싶습니까? 将来想成为什么样的人?

　　　　나: 저는 훌륭한 의사가 되고 싶습니다. 我想成为一名优秀的医生。

　　　3) 가: 12월이에요. 어느새 겨울이 되었어요. 12月了, 不知不觉就冬天了。

　　　　나: 글쎄 말이에요. 시간이 참 빠르네요. 是啊, 时间过得真快啊!

　　　4) 가: 대학생이 되면 무엇을 할 거예요? 成为大学生了你要做什么?

　　　　나: 저는 배낭여행을 갈 거예요. 我要去背包旅行。

2 –(으)ㄴ지

用于动词词干后，表示经历的时间。 后面常与 "되다, 지나다" 等词连用。

보기: 1) 가: 수영을 배운 지 얼마나 되었어요? 你学游泳多长时间了?

　　　　나: 수영을 배운 지 두 달이 되었어요. 学了两个月了。

　　　2) 가: 한국어 온 지 얼마나 되었어요? 来韩国多久了?

　　　　나: 6개월 되었어요. 已经六个月了。

　　　3) 가: 언제 도착했어요? 什么时候到的?

　　　　나: 도착한 지 1시간쯤 되었어요. 已经到了一个小时了。

　　　4) 가: 오늘 입은 치마를 언제 샀어요? 你今天穿的裙子是什么
　　　　　时候买的?

　　　　가: 이 치마를 산 지 이미 한 달 되었어요. 这件裙子已经买了
　　　　　一个月了。

③ -(으)ㄹ 줄 알다/모르다

用于动词词干后, 表示会/不会某种技能。

보기: 1) 가: 운전할 줄 알아요? 你会开车吗?

　　　　나: 아니요, 운전할 줄 몰라요. 不,我不会开车。

　　　2) 가: 한국 노래를 부를 줄 아세요? 你会唱韩国歌吗?

　　　　나: 네, 부를 줄 압니다. 是的,会唱。

　　　3) 가: 혜진 씨 동생도 스키를 탈 줄 알아요? 慧珍,你弟弟也会
　　　　　滑雪吗?

　　　　나: 아니요, 동생은 스키를 탈 줄 몰라요. 不,弟弟不会滑雪。

　　　4) 가: 전자레인지를 사용할 줄 알아요? 你会用微波炉吗?

　　　　나: 네, 사용할 줄 알아요. 是的,会用。

④ -(으)니까

用于谓词词干和时制词尾后, 连接两个分句, 表示前分句是后分句的原
因或理由。 名词后用 "-(이)니까"。

보기: 1) 오늘 날씨가 추우니까 옷을 많이 입으세요. 今天天气冷,多穿
　　　点儿吧。

2) 내일 수업이 없으니까 같이 농구를 합시다. 明天没有课, 一起去打篮球吧。

Tips

-(으)니까一般用于命令句和共动句中。

3) 비가 오니까 우산을 가지고 가세요. 下雨了, 带雨伞走吧。

4) 시험이 끝났으니까 우리 여행을 갑시다. 考完试了, 我们去旅行吧。

5) 여기는 도서관이니까 휴대폰을 끄십시오. 这里是图书馆, 请关掉手机。

활동 1

❶ [보기]와 같이 쓰세요.

> [보기]
> 가: 태권도를 배운 지 얼마나 되었어요? (두 달)
> 나: 태권도를 배운 지 두 달이 되었어요.

(1) 가: 한국어를 공부한 지 얼마나 되었어요? (4개월)
　　나: _____.

(2) 가: 아침을 먹은 지 얼마나 되었어요? (5시간)
　　나: _____.

(3) 가: 혜진 씨가 언제 집에서 나갔어요? (3시간)
　　나: _____.

(4) 가: 이 컴퓨터는 언제 산 것입니까? (일주일)
　　나: _____.

(5) 가: 고등학교를 졸업한 지 얼마나 되었어요? (2년)
　　나: _____.

② [보기]와 같이 두 문장을 연결하세요.

> [보기]
>
> 날씨가 좋다. / 공원에 가다.
>
> → 날씨가 좋으니까 공원에 갑시다.

(1) 왕영 씨가 노래에 관심이 많다. / 음악 CD를 선물하다.

    → _____ .

(2) 요리는 제가 했다. / 청소를 좀 도와 주다.

    → _____ .

(3) 시간이 없다. / 택시를 타고 가다.

    → _____ .

(4) 비가 오다. / 창문을 좀 닫다.

    → _____ .

(5) 여기는 박물관이다. / 사진을 찍지 말다.

    → _____ .

활동 Ⅱ

[듣기]

③ 잘 듣고 질문에 답하세요. ♪

(1) 분티안 씨가 어릴 때 되고 싶은 직업은 무엇이 있습니까?

①    ②

③  ④

(2) 통역사가 되고 싶으면 어떻게 해야 합니까?

 잘 듣고 질문에 대답하세요. ♫

(1) 리자 씨가 무엇을 생일 선물로 살 거예요?

(2) 분티안 씨는 왜 요리책을 생일 선물로 합니까?

[말하기]

⑤ 그림을 보고 옆 친구와 같이 이야기해 보세요.

> [보기] 한혜진 : 분티안 씨는 한국말로 문자 메시지를 보낼 줄 알
> 아요?
>
> 분티안 : 네, 보낼 줄 알아요. / 아니요, 보낼 줄 몰라요.
> 혜진 씨는 골프를 칠 줄 알아요?
>
> 한혜진 : 네, 칠 줄 알아요. / 아니요, 칠 줄 몰라요.

[읽기]

6 다음 글을 읽고 질문에 대답하세요.

> 안녕하세요? 저는 미국에서 온 죤입니다. 지금 한성대학교에서 경영학을 공부하고 있는 대학원생입니다. 한국어를 배운 지 이미 1년 넘었는데 말하기가 서툽니다. 그래서 저는 같이 말하기 연습을 할 한국 대학생이나 대학원생을 찾고 있습니다. 저에게 한국어를 가르쳐 주면 저는 영어를 가르쳐 줄 겁니다. 대학원 수업이 많지 않기 때문에 같이 언어 교환 시간이 많습니다. 제 취미는 등산입니다. 등산은 기분을 푸는 데 좋고 건강을 지키는 데에도 좋습니다. 그래서 같이 공부도 하고 등산도 하고 싶으니까 남학생이 좋습니다. 저와 언어교환을 하고 싶은 사람은 010-7541-2561로 연락해 주십시오.

(1) 위의 내용은 무엇에 대한 글인지 고르세요.

① 자기 소개   ② 같이 등산할 친구를 찾는 글

③ 언어교환 친구를 찾는 글   ④ 룸메이트를 찾는 글

（2）위 글의 내용과 맞는 것을 고르세요.

　　① 존 씨는 한국말을 할 줄 모릅니다.

　　② 한국어를 가르쳐 줄 한국 대학생이나 대학원생을 찾고 있습니다.

　　③ 영어를 할 줄 아는 남자를 원합니다.

　　④ 존 씨는 대학원 수업이 많습니다.

［쓰기］

❼ 여러분의 장래 희망이 무엇입니까? 소개하는 글을 쓰세요.

补充单词

배낭여행【名】背包旅行	빵집【名】面包房
통역사【名】翻译员	통역관【名】翻译官
한동안【名】一阵子,好一会儿	초대【名】招待
전자레인지【名】微波炉	어리다【形】幼,小,少
훌륭하다【形】优秀,出色	서툴다【形】生疏
어느새【副】不知什么时候	일단【副】一旦
글쎄【感】是啊,也许吧	

저랑 같이 운동할까요?

과   제: 운동

심화 어휘: 운동 관련 어휘

문   법: -에게서/한테서; -'ㄷ'불규칙;

-지만; -(으)ㄹ 수 있다/없다; -(이)랑

질문

1. 분티안 씨 자주 운동을 합니까?

2. 사토미 씨는 왜 살이 쪘어요?

课文 ♩

사토미: 분티안 씨, 오후에 헬스클럽에 가세요?

분티안: 네, 근데 누구한테서 들었어요?

사토미: 이설 씨한테서 들었는데요. 분티안 씨는 자주 운동을 해요?

분티안: 네. 매일 운동을 해요.

사토미: 그래요? 정말 운동을 자주 하네요.

　　　　제가 방학 동안 집에서 맛있는 것을 많이 먹어서 살이 좀 쪘어요.

분티안: 아니에요. 여전히 예쁘네요.

사토미: 하하. 저도 운동을 하고 싶지만 잘 할 수 있는 운동이 없어요.

분티안: 처음부터 잘 할 수는 없어요. 그런데 하면 점점 잘 할 수 있어요.

사토미: 네. 맞아요.

분티안: 그럼 이따가 저랑 같이 운동할까요?

사토미: 오늘은 시간이 안 돼요. 이따가 친구랑 약속이 있어요.
　　　　다음에 같이 갑시다.

课文单词

헬스【名】健身　　　　　　　　　여전히【副】依然

살이 찌다 长肉, 长胖

✿ **심화 어휘**

[운동]

축구	足球	농구	篮球
탁구	乒乓球	당구	台球
테니스	网球	배드민턴	羽毛球
야구	棒球	배구	排球
골프	高尔夫	태권도	跆拳道
달리기	跑步	스키	滑雪

문법

1 – 에게서/ 한테서

격조词,用于活动体名词及人称代词之后,"한테서"多用于口语。表示行动的出发点或发生的地点,常与"듣다, 받다, 오다"等词一起使用。表尊敬时用"께서"。

보기: 1) 분티안 씨에게서 이야기를 들었어요. 从芬狄安那里听到的。

2) 언니한테서 편지가 왔어요. 姐姐来信了。

3) 어제 친구에게서 선물을 받았어요. 昨天从朋友那里收到了礼物。

2 – 'ㄷ' 불규칙

收音以"ㄷ"结尾的动词中,一部分不规则动词在和以元音开始的词尾相连时,"ㄷ"变成"ㄹ"。

> **Tips**
>
> "듣다, 걷다, 묻다, 싣다, 깨닫다"等词为不规则动词;而"받다, 닫다, 믿다, 얻다"等词为规则动词,则不发生变化。

	-아/어요	-아/어서	-았/었어요	-(으)세요
듣다	들어요	들어서	들었어요	들으세요
걷다	걸어요	걸어서	걸었어요	걸으세요
묻다	물어요	물어서	물었어요	물으세요
닫다	닫아요	닫아서	닫았어요	닫으세요

보기: 1) 오늘 너무 많이 걸어서 다리가 아파요. 今天走了很多路,腿很疼。

2) 모르는 것이 있으면 선생님께 물어 보세요. 有不懂的就问老师吧。

3) 저는 음악을 들으면 기분이 좋아요. 我一听音乐心情就好。

4) 이것은 친구한테서 받은 선물이에요. 这是从朋友那收到的礼物。

❸ -지만

连接词尾, 用于谓词词干及时制词尾后。连接两个对立的句子, 相当于汉语的"但是"。

보기: 1) 가: 수영을 해서 피곤하지요? 游泳累吧?

나: 피곤하지만 기분이 좋아요. 虽然累, 但是心情好。

2) 가: 근처에 서점이 있어요? 附近有书店吗?

나: 있지만 5시 반까지만 문을 열어요. 虽然有, 但是只营业到五点半。

3) 가: 식당 이름이 뭐예요? 饭店名字是什么?

나: 이름은 잘 모르겠지만 금방 찾을 수 있을 거예요. 虽然不知道名字, 但是马上就能找到。

4) 가: 시험이 다 끝났습니까? 考试都结束了吗?

나: 시험이 다 끝났지만 보고서가 아직 안 끝났습니다. 考试都结束了, 但是报告还没写完。

❹ -(으)ㄹ 수 있다/없다

用于谓词词干后, 表示做某事的能力或可能性。相当于汉语的"能/不能做某事"。

보기: 1) 가: 스키를 탈 수 있어요? 能滑雪吗?

나: 네, 탈 수 있어요. 是的, 能滑。

2) 가: 한국말로 이야기할 수 있어요? 能用韩语聊天吗?

나: 네, 한국말로 이야기할 수 있어요. 是的, 能用韩语聊天。

3) 가: 김신 씨, 오늘 수업 끝난 후에 같이 축구를 할 수 있어요? 金信,今天课结束后能一起去踢足球吗?

　　나: 미안해요. 숙제가 많아서 할 수 없어요. 对不起,作业多所以不能去了。

4) 가: 제주도에서 수영도 했어요? 在济州岛也游泳了吗?

　　나: 아니요, 날씨가 추워서 수영을 할 수 없었어요. 不,因为天气冷就没能游泳。

⑤ –(이)랑

连接助词,连接名词与名词,相当于汉语中的"和",多用于口语。

보기: 1) 어제 친구랑 하늘공원에 갔어요. 昨天和朋友去了天空公园。

　　　2) 이번 휴가에 저랑 부산에 갈까요? 这次休假和我去釜山怎么样?

　　　3) 제 생일에 왕영 씨랑 사토미 씨가 선물을 보냈어요. 我生日时王英和里美送了礼物给我。

　　　4) 지금 선배님이랑 도서관에 갑니다. 现在和前辈去图书馆。

활동1

① 사토미 씨의 생일입니다. 친구에게서 무슨 선물을 받았어요?

왕영

분티안

존

리자

이설

(1) 왕영 씨에게서 (한테서) 책을 받았어요 .

(2) _____ .

(3) _____ .

(4) _____ .

(5) _____ .

2 알맞게 고쳐 쓰세요.

(1) 어제는 집에서 학교까지 _____ 아/어서 갔어요 . (걷다)

(2) 그 이야기를 누구한테서 _____ 았/었어요? (듣다)

(3) 추우니까 문을 좀 _____ (으)세요. (닫다)

(4) 길을 모르면 경찰에게 _____ 아/어 보세요. (묻다)

(5) 나는 이제야 잘못을 _____ 았/었어요. (깨닫다)

3 [보기]와 같이 문장을 쓰세요.

[보기]

한국어는 할 수 있지만 일본어는
할 수 없어요.

(1)

_____ .

(2)

_____ .

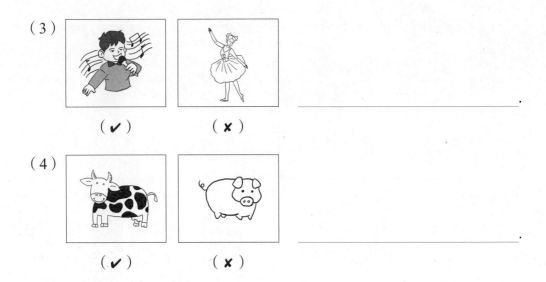

(3)   (✔)   (✘)   _____.

(4)   (✔)   (✘)   _____.

활동 II

[듣기]

④ 글을 잘 듣고 질문에 대답하세요. ♪

(1) 사토미 씨는 리자 씨가 수영관에 가는 것을 어떻게 알았습니까?

(2) 리자 씨는 사토미 씨에게 수영을 가르칠 수 있습니까?

⑤ 잘 듣고 아래 문장 중에서 <u>틀린 것</u>을 고르세요. ♪

① 제가 어제 선물을 많이 받았습니다.
② 저는 왕영 씨가 준 선물을 제일 좋아합니다.
③ 저는 수영을 잘 합니다.
④ 올해 생일에 부모님이 제 곁에 안 계십니다.

[말하기]

⑥ 여러분이 운동을 좋아하세요? 무슨 운동을 좋아하세요? 운동을 싫어하면 그 이유가 무엇입니까? 다음 표를 채우고 반에서 발표하세요.

운동을 좋아합니까?	
네.	아니요.
무슨 운동을 좋아합니까?	운동을 싫어하는 이유가 무엇입니까?
좋아하는 이유가 무엇입니까?	

[읽기]

⑦ 다음 글을 읽고 질문에 대답하세요.

저는 탁구를 치는 것을 좋아합니다. 고등학교 때 탁구 동아리에 들어갔습니다. 지금은 우리 대학교의 여자 탁구팀 선수입니다. 저는 일곱 살 때 아버지에게서 탁구를 배웠습니다. 제가 어릴 때 건강이 좋지 않아서 아버지께서 탁구를 가르쳐 주셨습니다. 처음에는 탁구를 치는 것이 싫었지만 지금은 너무 좋아합니다. 탁구를 할 때 기분이 너무 좋습니다. 그래서 주말에 시간이 있으면 반 친구 이설 씨랑 자주 탁구를 치러 갑니다. 탁구 덕분에 좋은 친구를 사귀었습니다. 저는 우리 학교선수의 탁구 선수가 되고 싶습니다. 그래서 꼭 열심히 연습하겠습니다.

（1）아버지께서는 왜 저를 탁구를 가르쳐 주셨습니까?

（2）다음 문장 중에서 알맞은 것을 고르세요.（　　）
　　① 저는 지금 탁구를 좋지 않아요.
　　② 저는 열 살 때 탁구를 할 수 없어요.
　　③ 저는 고등학교 때 탁구 동아리에 참가했어요.
　　④ 저는 지금 우리 학교 최고의 탁구 선수가 되었어요.

补充单词

싣다【他】装,载;乘	잘못【名、副】错误
선수【名】选手	보고서【名】报告
최고【名】最高,最好	깨닫다【他】明白,领会
얻다【他】得到	믿다【他】相信
남다【自】剩余,留	지원하다【动】支援,援助
금방【副】刚才;马上	

종합 연습

-(으)ㄴ	-는 동안	-(으)ㄴ/는데
-어/어/여 보다	-(으)ㄴ/는/(으)ㄹ	-중에서
-(으)ㄹ 때	-거나	-이/가 되다
-(으)ㄴ 지	-(으)ㄹ 줄 알다/모르다	-(으)니까
-에게서/한테서	-'ㄷ' 불규칙	-지만
-(으)ㄹ 수 있다/없다	-(이)랑	

문법

① 두 문장을 한 문장으로 만드세요.

[보기]

가: 싸요.　　　　　　　　　나: 치마를 샀어요.

→ ___싼 치마를 샀어요___ .

(1) 가: 좋아요.　　　　　　　　나: 책을 읽었어요.

→ _____ .

（2）가 : 집에서 멀어요.　　　나 : 학교에 다녀요.
　　→ _____ .

（3）가 : 재미있어요.　　　나 : 영화를 봤어요.
　　→ _____ .

（4）가 : 커피를 마셔요.　　　나 : 그 사람은 류민호예요.
　　→ _____ .

（5）가 : 술을 마시지 않아요.　　　나 : 사람이 누구예요?
　　→ _____ .

（6）가 : 중국에서 왔어요.　　　나 : 이설이에요.
　　→ _____ .

（7）가 : 친구가 만들었어요.　　　나 : 비빔밥을 먹었어요.
　　→ _____ .

（8）가 : 점심에 먹겠어요.　　　나 : 음식이 없어요?
　　→ _____ .

（9）가 : 방학에 제주도에 가겠어요.　　나 : 그 사람은 죤 씨 맞지요?
　　→ _____ .

（10）가 : 제가 돕겠어요.　　　나 : 일이 없어요?
　　→ _____ .

❷ 주어진 동사를 알맞게 고쳐 쓰세요.

> 〈보기〉
> 조용한 음악을　<u>들어요</u>　아/어/여요. (듣다)

（1）어제 너무 많이 _____ 아/어/여서 다리가 아파요. (걷다)
（2）모르는 단어를 친구에게 _____ 았/었/였어요. (묻다)

(3) 어제 친구에게서 생일 선물을 ＿＿＿＿＿＿ 았/었/였어요.(받다)

(4) 저는 그 친구를 ＿＿＿＿＿＿ 아/어/여요.(믿다)

(5) 제 차에 짐을 ＿＿＿＿＿＿ 으세요/세요.(싣다)

③ 다음 문장 중에서 맞으면○, 틀리면 × 표 하세요.

(1) 열실히 연습하면 몇 달 후에 탁구를 잘 칠 수 있어요.　　　(　　)

(2) 오늘은 너무 머리가 아파서 같이 갈 줄 몰라요.　　　(　　)

(3) 손님, 여기는 서점이라서 달러를 바꿀 줄 몰라요.　　　(　　)

(4) 저는 스키를 탈 줄 알지만 자전거를 탈 줄 몰라요.　　　(　　)

(5) 한국에서 미성년자는 담배를 피울 수 없어요.　　　(　　)

듣기

④ 대화를 잘 듣고 써 보세요. ♫

이설: 혜진 씨는 (1) ＿＿＿＿＿＿＿?

혜진: 저는 시간이 있을 때 (2) ＿＿＿＿＿＿.

이설: 정말요? 저도 영화를 보는 것을 좋아해요.
　　　이설 씨는 (3) ＿＿＿＿＿＿?

혜진: (4) ＿＿＿＿＿＿ 제일 좋아해요. 이설 씨는요?

이설: 저는 (5) ＿＿＿＿＿＿ 액션 영화를 제일 좋아해요. 그리고
　　　멜로 영화도 좋아요.

혜진: 그래요? 그럼 다음에 기회가 있으면 (6) ＿＿＿＿＿＿.

⑤ 대화를 잘 듣고 질문에 대답하세요. ♫

(1) 존 씨는 왜 얼굴이 많이 탔어요?

（2）맞으면 ◯, 틀리면 × 표 하세요.

　① 왕영 씨는 방학 동안 부산에 여행을 갔다 왔어요.　　　（　　　）

　② 존 씨는 부산에 있는 동안 생선회를 많이 먹어 봤어요.　（　　　）

　③ 존 씨는 경치가 아름다운 부산이 좋아요.　　　　　　　（　　　）

말하기

⑥　[보기]와 같이 옆 친구와 대화를 만들어 봅시다.

① 　②

③ 　④

[보기]

가: 분티안 씨, 취미가 뭐예요?

나: 저는 등산을 좋아해요. 그래서 시간이 있을 때 등산을 하러 가요.

가: 등산을 얼마나 자주 가요?

나: 보통 일주일에 한두 번쯤 집 근처의 산에 가요.

가: 언제부터 시작했어요?

나: 어릴 때부터 아버지랑 등산을 같이 갔어요.

가: 왜 등산을 좋아해요?

나: 건경에 좋으니까요. 산꼭대기에 올라가는 것은 아주 힘들지만 기분이 참 좋아요.

읽기

7 잘 읽고 질문에 대답하세요.

저는 한 달 전에 살을 빼려고 운동을 시작했습니다. 시작한 지 얼마 안 되었지만 아주 좋은 효과가 있었습니다. 그 비결은 무엇입니까? 바로 여러 운동 중에서 자기 몸에 알맞은 운동을 선택하는 것입니다. 심한 운동은 오히려 건강에 해로울 수 있습니다. 그래서 저는 가벼운 에어로빅부터 시작했습니다. 처음에는 1시간 정도 에어로빅을 하는 것이 너무 힘들었지만 지금은 괜찮습니다. 또한 친한 친구와 항상 같이 해서 심심하지 않고 아주 재미있습니다. 저는 살빼기를 잘 도와줄 수 있는 에어로빅 선생님이 되고 싶습니다. 그래서 앞으로 계속 열심히 운동하겠습니다.

※ 에어로빅 健身操

(1) 글쓰이는 왜 운동을 시작했습니까?

(2) 위 글의 내용과 <u>다른 것</u>을 고르세요. (   )

① 저는 처음부터 에어로빅을 하는 것이 괜찮습니다.

② 저는 항상 친구와 같이 에어로빅을 합니다.

③ 적당한 운동은 건강에 좋습니다.

④ 저는 계속 에어로빅을 하겠습니다.

⑧ 여러분의 취미가 무엇입니까? 소개하는 글을 쓰세요.

补充单词

비결【名】秘诀   짐【名】行李

달러【名】美元   산꼭대기【名】山顶

조용하다【形】安静   알맞다【形】合适, 正好

해롭다【形】有害   빼다【他】抽出, 拔出

선택하다【他】选择   오히려【副】反而, 反倒

제**6**과

어떤 남자를 좋아하세요?

학습 목표

과   제: 외모 및 성격

심화 어휘: 외모 관련 어휘

문   법: -처럼; -(으)ㄴ/는 편이다;

　　　　-게; -(으)ㄹ 것 같다

질문

혜진 씨의 남자 친구는 어떤 사람입니까?

课文 1 ♫

혜진: 이설 씨가 어떤 남자를 좋아하세요?

이설: 저는 김우빈처럼 키가 크고 코가 높은 남자를 좋아해요. 혜진 씨는요?

혜진: 저는 성격이 활발하고 운동을 잘 하는 남자를 좋아해요.

이설: 혜진 씨 남자 친구는 그런 남자이지요?

혜진: 네, 제 남친은 성격이 외향적인 편이에요.

　　　이설 씨는 한국 남자를 좋아해요? 아니면 중국 남자를 좋아해요?

이설: 상관없어요. 잘 생기면 돼요. 하하. 농담이에요.

혜진: 그럼 제가 남자 친구 한 명 소개해 줄까요? 아주 멋있고 성격이 좋은

　　　사람이에요.

질문

왕영 씨와 언니가 얼굴이 왜 닮지 않습니까?

课文2 ♫

죤:　왕영 씨, 이분은 누구예요? 송혜교처럼 예쁘게 생겼어요.

왕영: 제 언니예요. 제 언니는 저보다 더 예쁘지요?

죤:　아니예요. 두 분이 다 예쁘네요.

　　그런데 얼굴이 별로 닮지 않아요.

왕영: 네, 언니가 어머니를 닮고, 저는 아버지를 닮
　　　은 것 같아요.

죤:　아, 그래요? 언니가 남자 친구 있어요?

왕영: 네, 언니가 다음 달에는 결혼할 거예요.

课文单词

농담【名】玩笑,戏言	활발하다【形】活泼
외향적이다【形】外向	상관없다【形】无关,没关系
닮다【动】像	결혼하다【动】结婚
별로【副】不怎么,特别	

✿ 심화 어휘

[외모]

잘생기다	长得好	못생기다	长得不好
날씬하다	苗条	똥똥하다	胖乎乎
체격이 크다	身材高大	체격이 작다	身材矮小
얼굴이 동그랗다	脸圆	얼굴이 네모나다	脸方

문법

1 - 처럼

用于名词后,表示比较的对象。相当于汉语中的"像……一样"。

보기: 1) 그 사람은 영화배우처럼 멋있어요. 那个人像明星一样帅。

2) 저도 무한 씨처럼 한국말을 잘 하고 싶어요. 我也想像穆寒一样韩语说得那么好。

3) 호수가 하늘처럼 푸릅니다. 湖水像天空一样蓝。

4) 리자 씨는 가수처럼 노래를 잘 합니다. Lisa唱歌像歌手一样好。

2 - (으)ㄴ/는 편이다

用于谓词词干后,表示"大体上属于某一种情况",相当于汉语中的"算是~"。

动词	现在 + 는 편이다	예: 고기를 잘 먹는 편이에요.
		예: 극장에 자주 가는 편이에요.
	过去 + (으)ㄴ 편이다	예: 오늘은 일찍 온 편이에요.
		예: 그녀는 책을 많이 읽은 편이에요.
形容词	现在 + (으)ㄴ 편이다	예: 아이가 예쁜 편이에요.
		예: 이 식당이 좋은 편이에요.
	过去 + 았/었던 편이다	예: 어제 날씨는 좋았던 편이에요.
		예: 이설 씨는 옛날에 예뻤던 편이에요.

보기: 1) 가: 운동을 자주 해요? 经常做运动吗?

나: 자주 하는 편이에요. 算是经常做。

2) 가: 한국 친구가 많아요? 韩国朋友多吗?

나: 많은 편이에요. 算是多的。

3) 가: 리자 씨 다리가 정말 기네요. Lisa你腿真长啊!

나: 아버지를 닮아서 저도 다리가 긴 편이에요. 因为像爸爸,

所以我的腿也算长的。

4) 가: 매운 음식을 먹을 수 있어요? 你能吃辣吗?

나: 처음에는 잘 못 먹었는데 이제는 잘 먹는 편이에요. 开始
不能,现在算是能吃辣的了。

③ -게

连接词尾,用于动词、形容词之后,表达后面出现的行为或状态的方式、程
度,相当于中文的副词。但"많다, 빠르다"的副词形式为"많이, 빨리"。

보기: 1) 오늘은 예쁘게 입었네요. 今天穿的真漂亮啊!

2) 과일을 깨끗하게 씻어서 먹어야 돼요. 水果一定要洗干净
了吃。

3) 강아지가 정말 귀엽게 생겼어요. 小狗长得真可爱。

4) 쉽게 설명해 주셔서 금방 이해했어요. 您一简单说明,我马上
就理解了。

④ -(으)ㄹ 것 같다

用于谓词词干后,表示推测。相当于汉语中的"好像~"。

动词	现在时	词干 + 는 것 같다
	过去时	词干 + (으)ㄴ 것 같다
	将来时	词干 + (으)ㄹ 것 같다
形容词	现在时	词干 + (으)ㄴ 것 같다
	将来时	词干 + (으)ㄹ 것 같다
名词		名词 + 인 것 같다

보기: 1) 가: 김신 씨가 집에 나간 것 같아요. 몇 번 전화했는데 안 받
았어요. 金信好像出去了,打了几次电话都没人接。

나: 친구와 같이 명동에 갔어요. 和朋友一起去了明洞。

2) 가: 곧 비가 올 것 같아요. 우산을 가지고 가세요. 好像要下

雨了,带雨伞走吧。

　　나: 네, 알겠어요. 好,我知道了。

3) 가: 무슨 일이 있어요? 기분이 아주 좋은 것 같아요. 有什么
　　　　事吗? 看起来心情好像不错。

　　나: 제가 사법 시험에 합격했어요. 我通过司法考试了。

4) 가: 이 아이의 눈이 정말 크네요. 这孩子眼睛真大啊!

　　나: 글쎄요. 크면 예쁠 것 같아요. 是啊,长大了应该会很
　　　　漂亮。

5) 가: 분티안 씨 생일이 언제예요? 芬狄安的生日是什么时候?

　　나: 이번 주 토요일인 것 같아요. 好像是这周六。

<활동1>

❶ [보기]와 같이 쓰세요.

　　　　　　　　　　[보기]
　　가: 오늘 날씨가 어때요?
　　나: 좀 따뜻한 편이에요.

(1)

　　가: 매운 음식을 잘 먹어요?
　　나: _____.

(2)

　　가: 영화를 자주 봐요?
　　나: _____.

(3)

가: 분티안 씨가 학교 다닐 때 어
   땠어요?

나: _____ .

(4)

가: 이 집이 어때요?

나: _____ .

(5)

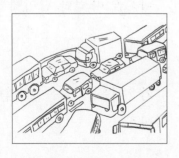

가: 죤 씨는 어떤 남자예요?

나: _____ .

❷ [보기]와 같이 쓰세요.

[보기]

아홉 시 전에 회사에 도착할 수 없
는 것 같아요.

(1)

지금 밖에 _____ .

（2）

이 영화가 _____.

（3）

술을 _____.

（4）

내일 _____.

（5）

이 사람의 직업은 _____.

활동 II

[듣기]

❸ 잘 듣고 질문을 대답하세요. ♫

（1）무한 씨가 어떤 여자를 좋아합니까?

　　① 외향적인 여자　　　　　② 노래를 잘 부르는 여자

　　③ 보조개 있는 여자　　　　④ 운동을 잘 하는 여자

(2) 김신 씨는 여자 친구를 어떻게 만나게 되었습니까?

④ 잘 듣고 질문에 대답하세요. ♬
(1) 분티안 씨가 아침에 사토미 씨를 만났습니까?

(2) 분티안 씨가 본 사람의 모습이 어땠습니까?

[말하기]
⑤ 무엇을 하고 있습니까? 보기와 같이 이야기해 보세요.

[보기]

왕영 씨는 <u>천사처럼</u> <u>착하게</u> 친구를 도와 주고 있어요.

(1) 이설 씨는 _____

(2) 사토미 씨는 _____

(3) 분티안 씨는 _____

(4) 존 씨는 _____

(5) 리자 씨는 _____

6 '-(으)ㄴ/는 편이다' 를 사용해서 이야기해 보세요. 여러분은 다음 내용 중
어떤 편입니까?

내용	예	아니요
저는 예쁩니다./잘 생겼습니다.		
저는 키가 큽니다.		
저는 똑똑합니다.		
저는 날씬합니다.		
저는 친구가 많습니다.		
저는 한국어를 잘 합니다		
저는 요리를 잘 합니다.		
저는 한국 노래를 잘 부릅니다.		
저는 춤을 잘 춥니다.		
저는 여행을 좋아합니다.		

❼ 잘 읽고 질문에 대답하세요.

> 저는 지난 주에 중국에 돌어가서 고등학교 친구의 결혼식에 갔습니다. 그 동안 한국에 일하기 때문에 자주 연락하지 못했습니다. 오랫동안 사귄 친구니까 꼭 가서 축하해 주고 싶었습니다. 결혼식에는 손님이 많이 왔고 신랑과 신부가 정말 행복해 보였습니다. 두 사람은 2년 전에 만나서 이제 결혼하게 되었습니다. 친구는 부지런하며 성실한 편입니다. 그리고 신부는 외향적인 편이라서 두 분이 잘 어울릴 것 같습니다. 신혼여행은 유럽으로 갔는데 정말 부럽습니다. 저도 빨리 여자 친구를 사귀고 싶습니다.

(1) 왜 결혼식을 꼭 가야 합니까?

(2) 잘 읽고 틀린 것을 고르세요.
   ① 친구가 신부입니다.
   ② 신부는 외향적인 편입니다.
   ③ 저는 여자 친구가 없습니다.
   ④ 신혼여행은 유럽으로 갑니다.

补充单词

호수【名】湖	합격【名】合格
보조개【名】酒窝	푸르다【形】蓝
뚱뚱하다【形】胖, 胖乎乎	부지런하다【形】勤快
성실하다【形】诚实, 老实	부럽다【形】羡慕
설명하다【他】说明, 解释	씻다【他】洗, 刷洗；擦
어울리다【自】合得来, 协调	연애하다【自】恋爱
사귀다【动】交往, 结识	곧【副】马上, 立刻

제 7 과

상하이에 가 본 적이 있나요?

학습 목표

과   제: 소개팅

심화 어휘: 결혼 관련 어휘

문   법: -기 시작하다; -기 때문에;

-나요?/(으)ㄴ가요?/(으)ㄹ 건가요?;

-(으)ㄴ 적이 있다/없다

질문

1. 이설 씨가 언제부터 한국어를 공부하기 시작했어요?

2. 민호 씨가 상하이에 가 본 적이 있나요?

课文 ♫

혜진: 이설 씨, 여기예요.

이설: 늦어서 죄송해요. 오래 기다렸지요?

혜진: 아니예요. 우리도 지금 왔어요.

제가 먼저 두 사람을 소개해 드릴게요. 민호 씨, 이 쪽은 제 룸메이
트 이설 씨예요. 이설 씨, 이 쪽은 제 고등학교 때 동창 민호예요.

민호: 안녕하세요? 저는 류민호입니다. 만나서 반갑습니다.

이설: 안녕하세요? 이설입니다.

민호: 이설 씨 한국말 참 잘 하시네요. 한국어를 배운지 얼마나 되었어요?

이설: 저는 2년 전부터 한국어를 공부하기 시작했어요. 그런데 중국에서 한국어를 말하는 기회가 별로 없기 때문에 아직 부족한 것이 많아요.

민호: 이설 씨 고향은 중국 어디예요?

이설: 제 고향은 상하이예요. 민호 씨가 상하이에 가 본 적이 있나요?

민호: 저는 북경하고 청도에 가 봤는데 상하이에 아직 가 본 적이 없어요. 기회가 있으면 한 번 가 보고 싶어요.

이설: 그럼 제가 가이드 되어 줄게요.

민호: 네, 좋아요.

课文单词

소개하다【他】介绍		동창【名】同窗, 同学	
기회【名】机会		부족하다【形】不足	

✿ 심화 어휘

[결혼]

만나다	见面	사귀다	交往
연애하다	恋爱	구혼하다	求婚
결혼하다	结婚	아이를 낳다	生孩子
헤어지다	分手	이혼하다	离婚

문법

❶ – 기 시작하다

用于动词词干后,相当于汉语中的"开始……"。

보기 : 1) 리자는 한국에 와서 남자 친구를 사귀기 시작했어요. Lisa 来韩国之后开始交了男朋友。

　　　2) 우리가 경주에 도착했을 때 눈이 오기 시작했어요. 我们到庆州的时候开始下起了雪。

　　　3) 그 여자가 이야기를 듣고 울기 시작했습니다. 那个女孩听了故事之后就哭了。

　　　4) 저는 7살 때부터 피아노를 배우기 시작했어요. 我从 7 岁的时候开始学了钢琴。

❷ – 기 때문에

用于谓词词干后,表示原因、理由,不能用于命令句和共动句中。名词后用 "– 때문에" 或 "– 이기 때문에",过去时态用 "– 았 / 었 / 였기 때문에"。

보기 : 1) 한국 노래가 좋기 때문에 항상 한국 노래를 들어요. 因为韩语歌好听,所以经常听。

　　　2) 한국에 살기 때문에 한국 친구가 많아요. 因为在韩国生活,所以韩国朋友很多。

　　　3) 어제 술을 많이 마셨기 때문에 오늘은 일을 할 수 없어요. 因为昨天喝了很多酒,所以今天不能工作了。

　　　4) 미국에 가서 음식 때문에 고생을 했어요. 去美国后,在饮食上吃了点苦头。

　　　5) 저는 외동딸이기 때문에 자매가 있는 친구들이 부럽습니다. 因为我是独生女,所以很羡慕有姊妹的朋友们。

❸ -나요?/(으)ㄴ가요?/(으)ㄹ 건가요?

疑问形终结语尾。常用于口语中,在说话人对问题的前提或背景知识有所了解时使用,表示自然地提问。

"-나요?"用于动词词干及表示时态的"-았/었/였"、"-겠"后; "-(으)ㄴ가요?"用于形容词后; "-(이)ㄴ가요?"用于名词后; "-(으)ㄹ 건가요?"用于动词后,表示将来的疑问形终结语尾。

동사 (动词)	현재(现在)	词干 + 나요?
	과거(过去)	词干 + 았/었/였나요?
	미래(未来)	词干 + (으)ㄹ 건가요?
형용사 (形容词)	현재(现在)	词干 + (으)ㄴ가요?
	과거(过去)	词干 + 았/었/였나요?

보기: 1) 오늘은 이 일을 꼭 완성해야 되나요? 今天一定要做完这件事吗?

2) 어제 파티는 재미있었나요? 昨天聚会有意思吗?

3) 왕영 씨, 한국 음식이 너무 매운가요? 王英,韩国料理很辣吗?

4) 벌써 오늘이 금요일인가요? 今天已经是周五了吗?

5) 사토미 씨, 내일 부산으로 가실 건가요? 里美,你明天要去釜山吗?

❹ -(으)ㄴ 적이 있다/없다

用于动词词干后,表示过去经历过某种事情或者没有经历过某种事情。对于不能简单完成的事情,或是经常做不到的事情时,用"-아/어/여 본 적이 있다"(经历过一次的事情)。

보기: 1) 지난 여름에 냉면을 먹은 적이 있어요. 去年夏天吃了冷面。

2) 저는 비싼 가방을 산 적이 없습니다. 我没有买过贵的包。

3) 친구에게 화를 낸 적이 있어요? 你对朋友发过火吗?

4) 저는 외국에서 살아 본 적이 없어요. 我没有在外国生活过。

활동1

1 [보기]와 같이 대화를 완성하세요.

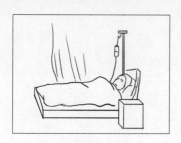

[보기]
가: 왜 병원에 갔어요?
나: 몸이 아프기 때문에 병원에 갔어요.

(1)

가: 왜 이렇게 늦었어요?
나: _____.

(2)

가: 왜 지각 했어요?
나: _____.

(3)

가: 왜 택시를 탔어요?
나: _____.

(4)

가: 왜 밥을 안 먹어요?
나: _____.

(5)

가: 왜 울었어요?

나: _____.

② [보기]와 같이 하세요.

[보기]

아직 비가 옵니까?   → 아직 비가 오나요?

(1) 아침 식사를 하셨습니까?   → _____.

(2) 그 영화를 재미있습니까?   → _____.

(3) 그 여자가 예쁩니까?   → _____.

(4) 시험이 어렵습니까?   → _____.

(5) 이 분이 결혼하실 분이에요? → _____.

활동 ||

[듣기]

③ 잘 듣고 알맞은 것을 고르세요. ♫

(1) 잘 듣고 틀린 것을 고르세요.

① 어제는 하숙집 친구 리자 씨의 생일이었습니다.

② 혜진 씨는 선물을 사러 백화점에 갔습니다.

③ 우리가 어제 저녁 6시에 파티를 했습니다.

④ 왕영 씨는 요리를 처음 했습니다.

(2) 우리는 무엇을 만들었습니까?

[말하기]

❹ 다음 표를 완성하고 옆 친구와 같이 이야기하세요.

1. 유명한 사람을 만난 적이 있어요?	
2. 유럽에 간 적이 있어요?	
3. 한국 친구를 사귄 적이 있어요?	
4. 병원에 입원한 적이 있어요?	
5. 봉사 활동을 참가한 적이 있어요?	
6. 짝사랑을 한 적이 있어요?	
7. 상을 받은 적이 있어요?	

[읽기]

❺ 다음 글을 읽고 질문에 대답하세요.

> 혜진 씨는 웃으면서 학교에 가고 있습니다. 얼굴에 싱글벙글 웃음이 가득합니다. 어제 친구한테서 편지를 받았습니다. 친구가 이번 방학 때 혜진 씨를 프랑스로 초대했습니다. 혜진 씨는 영국에는 가 본 적이 있지만 프랑스는 처음입니다. 혜진 씨는 다음 달 20일에 떠나기로 했습니다. 그래서 내일 비행기표를 예약할 것입니다. 홍콩으로 해서 가는 비행기를 알아보려고 합니다. 거기에도 다른 친구가 살고 있(   ).

(1) (   )에 알맞은 것을 고르세요.

   ① 기 때문입니다   ② 기 시작합니다

   ③ 을 것 같습니다   ④ 게 됩니다.

(2) 혜진 씨는 프랑스에 가 본 적이 있습니까?

（3）맞은 것을 ○, 틀린 것을 × 로 표시하세요.

　　① 혜진 씨는 다음 달에 프랑스로 가기로 했습니다.（　　）

　　② 친구가 프랑스에 가 본 적이 없습니다.（　　）

　　③ 혜진 씨는 내일 홍콩에 갈 겁니다.（　　）

[쓰기]

6 여러분이 어디에 여행을 가 본 적이 있습니까? 여행 경험에 대한 글을 써 보세요.

补充单词

고생【名】辛苦,艰苦	외동딸【名】独生女
자매【名】姐妹	짝사랑【名】单恋
입원【名】入院,住院	완성하다【他】完成
끓다【自】烧开; 发烧; 沸腾, 洋溢	봉사 활동 服务活动

제 8 과

지금 회색밖에 없습니다

질문

사토미 씨는 무엇을 사려고 합니까?

课文 1 ♫

사토미: 이설 씨, 우리 이따가 저녁을 먹은 후에 슈퍼마켓에 갈까요?

이 설: 왜요? 무엇을 살 거예요?

사토미: 저는 샴푸하고 린스를 살 거예요. 그리고 과일도 좀 사고 싶어요.
　　　　어디에서 사면 좋을까요?

이 설: 생활용품하고 과일을 다 사
　　　　려면 이마트가 좋겠어요. 여
　　　　기에서 용산 이마트가 가장
　　　　가까우니까 거기로 갑시다.

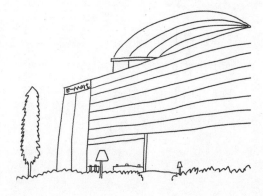

사토미: 이마트는 10시까지 문을 열
　　　　지요?

이　설: 아니에요. 오늘은 일요일이니까 아마 9시까지 문을 열 거예요.

사토미: 그럼 우리 빨리 저녁을 먹고 갑시다. 문을 닫기 전에 가야 되겠어요.

이　설: 좋아요. 빨리 가요.

질문

왕영 씨는 무슨 색 전자 사전을 원합니까?

课文2　♩

왕영: 이 전자 사전 한 번 보여 주세요.

직원: 이 사전 말입니까?

왕영: 네, 이건 얼마예요?

직원: 이 제품은 20만 원입니다. 한 번 보세요.

왕영: 네. 그런데 비슷한 단어를 찾고 싶으면 어떻게 해야 돼요?

직원: 이걸 누르시면 됩니다.

왕영: 간단하고 좋네요. 그런데 제가 회색 좋아하지 않아요. 혹시 하얀 건 있으세요?

직원: 죄송합니다. 이건 지금 회색밖에 없습니다.
　　　주문하시면 다음 주에 오니까 주문해 드릴까요?

왕영: 네, 그럼 주문해 주세요.

课文单词

샴푸【名】洗发水		린스【名】护发素	
생활용품【名】生活用品		회색【名】灰色	
간단하다【形】简单		하얗다【形】白	
누르다【自】留；按；压		주문하다【自】订，预订	

✿ 심화 어휘

[색깔]

까만색	黑色	하얀색	白色
노란색	黄色	파란색	蓝色
분홍색	粉红色	빨간색	红色
초록색	绿色	보라색	紫色
하늘색	天蓝色	회색	灰色
금색	金色	은색	银色

문법

① -(으)려면

用于动词词干后, 表示假设有做某事的意图、意向。 "-(으)려면" 是
"-(으)려고 하면" 的缩略形式, 后分句常用命令句或当为句。相当于汉语中
的 "如果想……的话"。

보기: 1) 가: 시청에 가려면 몇 번 지하철을 타야 됩니까? 如果想去市
政府要乘几号地铁?

나: 2호선을 타세요. 乘2号线吧。

2) 가: 졸업 후에 한국 회사에 취직하고 싶습니다. 我毕业后想
在韩企工作。

나: 한국 회사에 취직하려면 한국어를 열심히 공부해야 합니
다. 如果想在韩企工作的话, 一定要好好学习韩语。

3) 가: 청바지를 사고 싶습니다. 어디에 가면 좋을까요? 想买牛
仔裤, 去哪买好呢?

나: 싸고 좋은 청바지를 사려면 동대문 시장에 가세요. 如果
想买又便宜又好的牛仔裤, 就去东大门市场吧。

4) 가: 2시에 수업이 있습니다. 빨리 가려면 어떻게 가야 됩니까? 2点有课,如果想快点去应该坐什么呢?

나: 지각하지 않으려면 택시를 타고 갑시다. 如果不想迟到就打车去吧。

② – 기 전에

用于动词词干后,表示后面分句的动作或事情在前面分句的动作或事情之前完成。 相当于汉语中的"在~之前"。

보기: 1) 밥을 먹기 전에 꼭 손을 씻습니다. 吃饭之前洗手。

2) 한국에 오기 전에 한국어를 조금 배웠습니다. 来韩国之前学了一点韩语。

3) 여행을 가기 전에 계획을 세워야 됩니다. 去旅行之前应该先制定计划。

4) 밤에 자기 전에 목욕해야 합니다. 晚上睡觉之前要洗澡。

③ 'ㅎ' 불규칙 활용

以"ㅎ"结尾的形容词词干与以"ㄴ、ㄹ、ㅁ、ㅂ、元音"开始的词尾相连时,"ㅎ"脱落。由于"ㅎ"的脱落,词干元音"아/어"与词尾的"아/어"相连变成"애","야/여"与"아/어"相连变成"애"。但,"좋다"是规则形容词,不发生变化。

이렇다: 이렇 + ㄴ → 이런

이렇 + 면 → 이러면

이렇 + 아/어서 → 이래서

	-(으)ㄴ	-(으)면	-(으)니까	-아/어서	-았/었어요
빨갛다	빨간	빨가면	빨가니까	빨개서	빨갰어요
노랗다	노란	노라면	노라니까	노래서	노랬어요
하얗다	하얀	하야면	하야니까	하얘서	하얬어요

	– (으) ㄴ	– (으) 면	– (으) 니까	–아/어서	–았/었어요
이렇다	이런	이러면	이러니까	이래서	이랬어요
그렇다	그런	그러면	그러니까	그래서	그랬어요
좋다	좋은	좋으면	좋으니까	좋아서	좋았어요

보기: 1) 가을에는 하늘이 높고 파래요. 秋天的天空又高又蓝。

2) 이 노란 모자가 어때요? 这个黄色的帽子怎么样?

3) 나는 꽃을 좋아합니다. 그 중에서 빨간 장미를 제일 좋아합니다. 我喜欢花,其中最喜欢红色的玫瑰。

4) 너무 부끄러워서 얼굴이 빨개졌습니다. 因为太害羞了,脸都红了。

④ – 밖에

用于体词后,表示对内容进行限制或者没有选择的余地。常与“안, 못, 없다, 모르다”等表示否定的词连用,相当于汉语中的“只~”。

보기: 1) 나는 한국말을 조금밖에 모릅니다. 我只会一点韩语。

2) 냉장고에는 계란밖에 없습니다. 冰箱里只有鸡蛋。

3) 집에서 지하철역까지는 5분밖에 걸리지 않습니다. 从家到地铁站只需要5分钟。

4) 나는 커피를 두 잔밖에 안 마셨어요. 我只喝了两杯咖啡。

활동1

❶ [보기]와 같이 대화를 완성하세요.

[보기] 가: 건강해지고 싶어요.

나: 건강하려면 매일 운동하세요.

（1）가: 한국어를 잘 하고 싶어요.

　　나: _____.

（2）가: 그녀와 사귀고 싶어요.

　　나: _____.

（3）가: 벚꽃을 보고 싶어요.

　　나: _____.

（4）가: 경복궁에 어떻게 가요?

　　나: _____.

（5）가: 소포를 보내고 싶어요.

　　나: _____.

② 그림을 보고 질문에 대답하세요.

[보기]

　　가: 이 책을 다 읽었어요?

　　나: 이 책을 아직 조금밖에 못 읽었어요.

（1）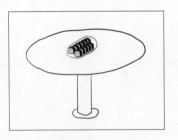

　　가: 점심에 뭘 먹었어요?

　　나: _____

（2）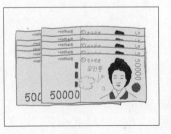

　　가: 한 달에 생활비을 얼마나 쓰세요?

　　나: _____

(3)

가: 어제 몇 시간 잤어요?

나: _____

(4)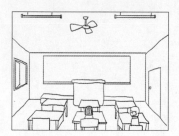

가: 교실에는 학생이 몇 명 있어요?

나: _____

(5)

가: 집에서 회사까지 시간이 얼마나 걸려요?

나: _____

활동Ⅱ

[듣기]

❸ 잘 듣고 질문에 대답하세요. ♪

(1) 잘 듣고 맞으면 ○, 틀리면 ×표 하세요.

① 존 씨는 하얀 카메라가 마음에 듭니다. ( )

② 까만색 카메라는 이번 달에 나온 신제품이 아닙니다. ( )

③ 까만색 카메라의 가격은 69만 원입니다. ( )

(2) 이 카메라가 왜 인기제품입니까?

(3) 카메라를 사용하기 전에 어떻게 해야 합니까?

[말하기]

❹ 다음 물건을 사려면 어디에 가야 할까요? 사기 전에 무엇을 해야 합니까?

T셔츠
화장품
운동화
포도
감자
주스
김치
시계
핸드폰
책상
옷장

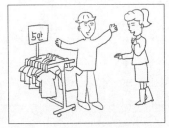
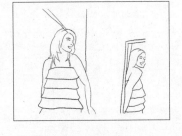

시장
편의점
슈퍼마켓
백화점
인터넷
쇼핑물
할인매장

여러분이 물건을 사기 전에 하는 일은?

• 쇼핑할 물건을 메모한다.

• 돈을 찾다.

• 사이즈/ 크기/ 제조일자를 확인한다.

• 값을 비교해 본다.

• 할인이 있는지를 물어본다.

[읽기]

5 아래 글을 읽고 질문에 답하세요.

> 분티안 씨가 고향에서 가져온 카메라가 고장이 (㉠) 시간이 없어서 카메라를 수리하지 못했습니다. 그래서 지난 주말에 용산에 가서 새 디지털 카메라를 샀습니다. 까만색밖에 없었는데 그냥 그 것을 샀습니다. 새 카메라는 정말 좋아 보입니다. 새 카메라를 샀기 때문에 친구들에게 사진을 많이 찍어 주고 싶습니다. 그러니까 분티안 씨는 이번 주말에 새 카메라로 친구들과 여의도에 가서 사진을 찍기로 했습니다. 그런데 벚꽃 축제 때문에 여의도의 사람이 너무 많았습니다. 마지막에 분티안 씨와 친구들이 하늘 공원에 갔습니다. 하늘 공원에서 새 카메라로 사진을 많이 찍었습니다. 분티안 씨는 오늘 친구들과 같이 찍은 사진을 이메일로 고향에 있는 가족들에게 보내기로 했습니다.

1. (㉠) 에 알맞은 것을 고르세요.

   ① 나서
   ② 난 후에
   ③ 났는데
   ④ 날 때

2. 분티안 씨가 새 카메라를 산 이유는 무엇입니까? (   )

   ① 까만색 카메라가 없었기 때문에
   ② 카메라가 고장이 났기 때문에
   ③ 사진을 많이 찍고 싶었기 때문에
   ④ 새 카메라를 사고 싶어기 때문에

3. 맞은 것을 고르세요. (   )

① 분티안 씨는 까만색을 싫습니다.

② 분티안 씨는 친구들과 여의도에 가기로 했습니다.

③ 분티안 씨는 찍은 사진을 고향에 보내기로 했습니다.

④ 친구들은 분티안 씨에게 사진을 찍어 주기로 했습니다.

补充单词

시청【名】市厅, 市政府	청바지【名】牛仔裤
신제품【名】新产品	스타일【名】样子, 风格
실용성【名】实用性	화장품【名】化妆品
설명서【名】说明书	할인매장【名】折扣店
사이즈【名】大小, 尺寸	디지털【名】数码
고장【名】故障	빨갛다【形】红
노랗다【形】黄	부끄럽다【形】害羞
자세하다【形】仔细, 详细	세우다【他】创, 立
목욕하다【自】洗澡, 沐浴	수리하다【他】修理, 维修

제**9**과

친구 집에 가기로 했어요

학습 목표

과   제: 한국 집에 대한 주의 사항

심화 어휘: 금지 관련 어휘

문   법: - 기로 하다; - 지 말다; - 아/어/여 보이다; - 아/어/여도

질문

한국 사람 집에 가면 무엇을 주의해야 합니까?

课文1 ♫

리자: 혜진 씨, 지금 시간 있어요?

혜진: 네, 왜요?

리자: 저는 한국 친구 집에 초대를 받아서 이번 주말에 가기로 했어요.

그런데 한국 사람 집에 처음 가요. 어떻게 하면 좋아요? 좀 가르쳐

주세요.

혜진: 먼저 집 안에서는 신발을 신지 마세요. 신발을 벗으세요.

리자: 알았어요. 식사는 어떻게 해요?

혜진: 어른보다 먼저 먹지 마세요. 어른이 드시면 먹어요.

리자: 네. 알았어요. 가르쳐 줘서 고마워요.

질문

이 학숙집에서 강아지를 데려도 됩니까?

课文2 ♫

죤:　　　안녕하세요? 아까 전화한 영국 학생이에요.

아주머니: 네, 들어와요.

죤:　　　방 좀 보여 주세요.

아주머니: 따라 오세요. 이 방이에요. 보세요.

죤:　　　깨끗해 보여요. 그런데 몇 가지 물어보고 싶은데요. 강아지와
　　　　　같이 살아도 됩니까?

아주머니: 그것은 안 돼요. 시끄러우니까 데리고 오지 마세요.

죤:　　　그리고 친구가 놀러 와도 됩니까?

아주머니: 네. 그건 돼요.

죤:　　　늦게 들어와도 됩니까?

아주머니: 네, 조금 늦어도 괜찮아요.

课文单词

어른【名】成年人, 大人	신다【他】穿
벗다【他】脱; 摘	데리다【他】带, 领

✿ 심화 어휘

[금지]

주차 금지	停车禁止	애완동물 출입 금지	宠物出入禁止
금연	禁烟	금주	禁酒
촬영 금지	禁止拍照	쓰레기 분리수거	垃圾分类

문법

① – 기로 하다

用在动词词干之后, 表示决定做某事。

보기: 1) 내년에 대학원에 지원하기로 했어요. 决定明年报名大学院。

2) 내일 어머니이랑 같이 백화점에 가서 쇼핑하기로 했어요. 决定明天和妈妈一起去百货店购物。

3) 오후에 친구랑 부동산에 가서 방을 알아보기로 했어요. 决定下午和朋友去不动产打听房子。

4) 이번 주말에 친구랑 박물관에 구경하기로 했어요. 决定这周末和朋友去参观博物馆。

② – 지 말다

用在动词词干之后, 表示"禁止"或"劝阻"。与命令形词尾连用时, 格式体为"지 마십시오", 非格式体为"지 마세요"; 与共动形词尾连用时, 为"지 맙시다(말아요)"。

보기: 1) 수업 시간에는 전화를 하지 마세요. 上课时间不要打电话。

2) 이 옷을 입지 마세요. 不要穿这件衣服。

3) 여기에서 담배를 피우지 마세요. 请不要在这里抽烟。

4) 두 시까지 와야 합니다. 늦지 마십시오. 两点前一定要来, 请不要晚了。

③ – 아/어/여 보이다

用在形容词之后，表示说话人的主观感觉和想法，相当于汉语的"看起来……"。

보기: 1) 아이가 참 귀여워 보이네요. 孩子看起来好可爱啊！

2) 이 선생님은 참 젊어 보이네요. 李老师看起来真年轻啊！

3) 어디 아파요? 얼굴이 아파 보여요. 哪里不舒服吗？脸色看起来不好。

4) 분티안 씨는 건강해 보여요. 芬狄安看起来很健康。

④ – 아/어/여도

用在谓词词干之后，表示让步。

보기: 1) 내일 비가 와도 등산을 가겠어요. 即使明天下雨，也要去登山。

2) 당신이 싫어도 그 일은 해야 합니다. 你即使讨厌也应该做那件事。

3) 여기에서 담배를 피워도 괜찮습니까? 这里抽烟没关系吗？

4) 그 사람을 보고 싶어도 볼 수 없어요. 就算想那个人也不可能见到。

활동1

① [보기]와 같이 쓰세요.

[보기] 가: 이번 토요일에 뭘 할 거예요?

나: 친구랑 동대문에 가기로 했어요.

(1) 가: 점심 먹고 영화 보러 갈까요?

나: 미안해요. _____ .

(2) 가: 가족들을 만나서 뭘 할 거예요?

나: _____ .

(3) 가: 오늘 수업 후에 시간 있어요?

　　나: _____ .

(4) 가: 내일 같이 저녁을 먹을까요?

　　나: 미안해요. _____ .

(5) 가: 토요일에 뭐 할 거예요?

　　나: _____ .

② [보기]와 같이 쓰세요.

[보기]

술을 많이 마시다.
→ 술을 많이 마시지 마세요.

(1)

공공장소에서 담배를 피우다.

→ _____ .

(2)

도서관에서 이야기하다.

→ _____ .

(3)

길에 휴지를 버리다.

→ _____ .

（4）

박물관에서 사진을 찍다.

→ _____.

（5）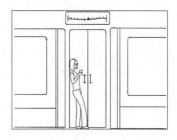

지하철 문에 기대다.

→ _____.

활동 II

[듣기]

❸ 잘 듣고 질문에 대답하세요. ♫

（1）왕영 씨는 원래 뭐 하기로 했습니까?

（2）왕영 씨는 왜 롯데월드에 가기로 했어요?

[말하기]

❹ [보기]와 같이 대화를 만드세요.

> [보기]
>
> 이야기를 하다.（×）
>
> 가: 이야기를 해도 돼요?
>
> 나: 목이 많이 아프니까 오늘은 가능하면 아무 말도 하지 마세요.

(1) 밥을 먹다.(×)

가 : _____

나 : _____

(2) 밖에 나가다.(×)

가 : _____

나 : _____

(3) 담배를 피우다.(×)

가 : _____

나 : _____

(4) 사람들을 만나다.(×)

가 : _____

나 : _____

5 그림을 보고 [보기]처럼 이야기해 보세요.

[보기]

공원에서 한 여자가 웃고 있는데 아주 **기뻐 보여요**.

6 잘 읽고 질문에 답하세요.

> 　　김신 씨의 조카가 한 살이 되었습니다. 분티안 씨는 김신 씨와 같이 조카의 돌잔치에 가려고 합니다. 한국의 돌잔치는 아주 흥미롭습니다. 돌잔치는 아이가 한 살 생일을 축하하는 잔치입니다. 분티안 씨는 돌잔치에 가 본 적이 없어서 좋은 경험이 될 것입니다. 바쁜 일이 있어도 꼭 가기로 했습니다. 그런데 분티안 씨는 무엇을 선물한지 고민합니다. 보통 한국 돌잔치에는 금반지를 선물합니다. 그렇지만 분티안 씨는 금반지처럼 아기한테 필요 없는 것보다는 옷이나 장난감처럼 꼭 필요한 것을 설물하고 싶습니다. 그래서 이번 주말에 백화점에 가서 찾을 겁니다.

（1） 김신 씨와 분티안 씨는 누구의 생일에 가려고 합니까?

（2） 위의 내용과 일치하지 않은 것을 고르세요.
　　① 분티안 씨는 한국의 돌잔치에 가 본 적이 없습니다.
　　② 분티안 씨는 너무 바빠서 못 갑니다.
　　③ 분티안 씨는 이번 주말에 선물을 살 겁니다.
　　④ 한 살 생일에 한국에서는 주로 금반지를 선물합니다.

（3） 분티안 씨는 무슨 선물을 하고 싶어합니까?

제
9
과

부동산【名】不动产

롯데월드【名】乐天世界

돌잔치【名】周岁宴

마지막【名】最后, 结尾

고민하다【形】苦闷

구경하다【他】观看, 观赏

소풍【名】郊游, 散心

에버랜드【名】爱宝乐园

경험【名】经验

흥미롭다【形】有意思, 有趣

필요하다【形】必要, 必须

기대다【动】靠, 依靠

종합 연습

- 처럼 　　　　　 - 는 편이다 　　　　 - 게
- (으)ㄹ 것 같다 　　 - 기 시작하다 　　 - 기 때문에
- 나요/(으)ㄴ가요/(으)ㄹ 건가요
- (으)ㄴ 적이 있다/없다 　 - (으)려면 　　　 - 기 전에
- 'ㅎ' 탈락 　　　 - 밖에 없다 　　　 - 기로 하다
- 지 말다 　　　　 - 아/어/여 보이다 　 - 아/어/여도

문법

① 다음 문장을 바꾸어 쓰세요.

[보기]

이 분이 고향 친구예요? 　→ <u>이 분이 고향 친구인가요?</u>

(1) 이 파란 컵 말이에요? 　→ ＿＿＿＿＿＿＿＿＿
(2) 오늘 날씨가 더워요? 　→ ＿＿＿＿＿＿＿＿＿
(3) 이 운동화 어때요? 　→ ＿＿＿＿＿＿＿＿＿
(4) 상하이에 가 본 적이 있어요? 　→ ＿＿＿＿＿＿＿＿＿

(5) 여행을 가기 전에 무엇을 준비해야 해요?

→ _____

(6) 비빔밥에는 무엇을 넣어요?　→ _____

(7) 언제 한국어를 공부하기 시작했어요?

→ _____

(8) 내일 부산으로 가시겠어요?　→ _____

2 알맞게 고쳐 쓰세요.

> [보기]
>
> <u>빨간</u> (으)ㄴ 옷이 참 예뻐요. (빨갛다)

(1) 오늘은 하늘이 정말 _____ 아/어요. (파랗다)

(2) 할머니 머리가 _____ (으)니까 눈이 내린 것 같아요. (하 양다)

(3) 커피를 어디에 _____ (으)면 좋을까요? (놓다)

(4) _____ (으)ㄴ 가방을 사려면 돈이 얼마나 필요한가요? (그렇다)

(5) 한국의 겨울 날씨는 _____ ㅂ/습니까? (어떻다)

3 존 씨가 이설 씨 집에 갔습니다. 그런데 이설 씨가 오늘 기분이 별로 좋지 않습니다. 다음 대화를 완성하십시오.

> 존: 이설 씨, 같이 시험 공부를 할까요?
>
> 이설: 아니요. <보기> <u>시험 공부를 하지 맙시다.</u>
>
> 존: 그럼 예능 프로그램을 볼까요?
>
> 이설: 아니요. (1) _____.
>
> 존: 그럼 날씨가 더우니까 제가 창문을 열어 줄까요?

이설: 아니요. 감기에 걸렸으니까 (2) _____ .

존: 그럼 제가 맛있는 은식을 만들어 줄까요?

이설: 아니요. (3) _____ .

존: 너무 심심해서 우리는 영화를 볼까요?

이설: 아니요. (4) _____ . 죄송해요. 존 씨, 오늘 기분이
좋지 않기 때문에 그냥 조용히 있고 싶어요.

듣기

④ 잘 듣고 써 보세요. ♫

왕영: 혜진 씨가 (1) _____ ?

혜진: 저는 (2) _____ . 왕영 씨는요?

왕영: 저도 멋있는 남자를 좋아해요. 하지만 그런 남자보다 똑똑하고
착한 남자를 더 좋아해요. 무엇보다 (3) _____ .

혜진: 아, 그래요? 제 남동생이 바로 그런 남자예요.
(4) _____ .그리고 공부도 되게 잘해요.

왕영: 정말요? 그럼 혜진 씨 남동생이 혜진 씨와 닮았어요?

혜진: 아니요. (5) _____ . 어때요? 소개해 줄까요?

⑤ 잘 듣고 질문에 대답하세요. ♫

(1) 이 여행이 왜 가장 인상적입니까?

(2) 맞으면 ○, 틀리면 × 표 하십시오.

① 이번 여행을 가기 전에 저는 부산에 간 적이 있어요.   (   )

② 친구는 교통편, 호텔, 식사 같은 것을 알아본 적이 있어요.

(   )

③ 이번 여행은 저에게 가장 의미가 있는 여행이에요.   (   )

말하기

⑥ 한 사람은 손님, 다른 사람은 판매원이 되어 이야기하세요.

①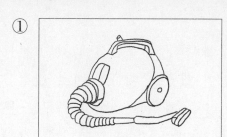

②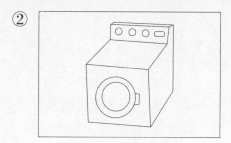

③

④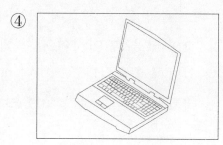

[보기]

판매원: 어서오세요. 뭘 찾으세요?

손 님: 청소기를 사고 싶어요.

판매원: 네, 이쪽으로 오세요. 이 까만색 청소기가 디자인도 예쁘고 실용성도 높은 인기제품이에요. 드릴까요?

손 님: 디자인이 괜찮은 것 같아요. 근데 다른 색깔이 없나요? 저는 까만색 건 마음에 별로 안 들어요.

판매원: 죄송합니다. 손님, 이 청소기가 까만색밖에 없어요. 지금 구입하시면 제가 서비스로 먼지 통 하나 드릴게요.

손 님: 와! 좋겠다! 이걸로 주세요. 하지만 품질 문제가 있으면 환불이 가능한가요?

판매원: 네, 구입 후 일주일 이내에 환불을 하려면 영수증만 가져오시면 됩니다.

7 잘 읽고 질문에 대답하세요.

> 오늘 이사할 집을 구하기 때문에 친구와 부동산에 갔습니다. 부동산에 가서 알아보고 좋은 집이 있었기 때문에 바로 결정했습니다. 새 집이기 때문에 방이 아주 깨끗해 보이고 가구도 튼튼해 보입니다. 창문이 좀 작아서 집세가 좀 싼 편입니다. 그리고 제 방은 복도 끝에 있어서 아주 조용할 것 같습니다. 또는 시간이 있을 때 여럿이 같이 써도 괜찮은 집에 친구를 초대할 수도 있어서 좋습니다. 그 방이 아주 마음에 들었기 때문에 저는 어번 주말에 이사를 하기로 했습니다.

(1) 글쓴이는 왜 그 방이 아주 마음에 들었습니까?

(2) 위 글의 내용과 <u>다른</u> 것을 고르십시오. (   )
  ① 이 방은 창문도 있고 가구도 있습니다.
  ② 이 사람은 친구와 같이 살기로 했습니다.
  ③ 이 사람은 조용한 방을 좋아합니다.
  ④ 이 사람은 이번 주말에 이사하겠습니다.

쓰기

8 여러분은 모두 친한 친구가 있습니까? 소개하는 글을 쓰세요.

补充单词

컵【名】杯子

수학여행【名】见习旅行

청소기【名】吸尘器

환불【名】退还,退回

인상적【冠、名】印象深刻的

놓다【他】放

조용히【副】安静,清净

구입【名】购入,购买

추억【名】回忆,追忆

품질【名】质量

영수증【名】收据

파랗다【形】蓝

멀어지다【自】疏远

짧게 잘랐으면 좋겠어요

과   제: 머리 하기

심화 어휘: 머리 관련 어휘

문   법: -(으)면 좋겠다; -는 게 어때요?; 느라고

질문

사토미 씨는 어떻게 자르고 싶습니까?

课文 1 ♫

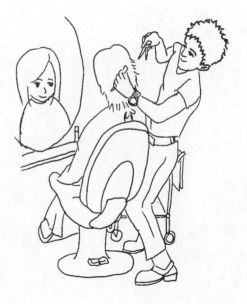

미용사: 어서 오세요. 이쪽에 앉으세요.
　　　　머리를 어떻게 해 드릴까요?

사토미: 머리가 좀 길어서 자르려고 하는
　　　　데요.

미용사: 어떻게 잘라 드릴까요?

사토미: 머리가 길어서 더워 보이니까 짧
　　　　게 잘랐으면 좋겠어요. 앞머리
　　　　는 짧게 자르고 옆머리는 조금만
　　　　다듬어 주세요. 이 사진처럼 해
　　　　주세요.

미용사: 염색은 무슨 색으로 하시겠어요?

사토미: 진한 갈색으로 해 주세요.

미용사: 까만색으로 하는 게 어떠세요? 요즘 까만 머리가 유행이에요.

사토미: 네. 좋아요.

질문

분티안 씨는 왜 축구를 하지 않습니까?

课文2 ♫

분티안: 죤 씨, 오래만이에요. 그 동안 잘 지냈어요?

죤: 네, 잘 지냈어요.

분티안 씨, 오늘 별일 없으면 같이 축구하러 갈래요?

분티안: 어, 저는 오늘 미용실에 가려고 하는데요.

시험 공부하느라고 머리를 못 잘랐어요.

죤: 조금 더워 보이네요.

어디에서 자르려고 해요?

분티안: 학교 근처에 친구가 추천한 미용실이 있는데 거기에 갈 거예요.

课文单词

앞머리【名】额头;刘海儿	염색【名】染色
갈색【名】褐色	까만색【名】黑色
유행【名】流行	진하다【形】浓,深
자르다【他】剪,切断	다듬다【他】修,理
추천하다【他】推荐,举荐	

[머리]

파마하다	烫头	머리를 자르다	剪头发
염색하다	染色	드라이하다	吹头发
머리를 깎다	剃头	머리를 감다	洗头
앞머리를 다듬다	修剪刘海	머리를 기르다	留长发
머리를 빗다	梳头发	머리를 묶다	绑头发

문법

1 –(으)면 하다/좋겠다

用于动词、形容词词干之后,表示说话者的希望和愿望。相当于汉语的 "要是……就好了"。在会话中常使用 "았/었/였으면 좋겠다"。

보기: 1) 키가 더 크면 좋겠어요. 个子高就好了。

2) 한국말을 잘할 수 있었으면 해요. 要是能说好韩语就好了。

3) 오늘은 금요일이니까 숙제가 없으면 좋겠어요. 今天周五, 要是没有作业就好了。

4) 빨리 공부를 마치고 고향에 돌아갔으면 좋겠어요. 快点结束学习回故乡就好了。

2 –는 게 어때요?

用于动词之后,对听者提议一起做某事、向听者请求帮助,或者咨询更好的方法时使用。

보기: 1) 가: 주말에 뭐 할까요? 周末做什么呢?

나: 영화를 보는 게 어때요? 看电影怎么样?

2) 가: 몇 시에 만나면 좋을까요? 几点见面好呢?

나: 오후 5시 쯤에 만나는 게 어때요? 下午五点见面怎么样?

3) 가: 언니 생일인데 뭘 선물하면 좋을까요? 姐姐生日, 送什么礼物好呢?

나: 화장품을 주는 게 어때요? 送化妆品怎么样?

4) 가: 어제 잠을 못 자서 좀 피곤해요. 昨天没睡觉, 有点累。

나: 그럼 좀 쉬는 게 어때요? 那休息一下怎么样?

③ 느라고

用于动词词干之后, 表示原因。前后分句动作的主体一致, 不能用于命令句和共动句中。

보기: 1) 이설 씨는 공부하느라고 부르는 소리도 못 들었습니다. 李雪因为学习, 所以没听见叫她的声音。

2) 아르바이트를 하느라고 고향에 못 갔습니다. 因为打工, 所以没回老家。

3) 어제는 친구를 만나느라고 숙제를 못 했습니다. 由于昨天见了朋友, 所以没做作业。

4) 여행을 가느라고 편지를 못 받았어요. 由于去旅行了, 所以没收到信。

활동I

1 [보기]와 같이 하세요.

[보기]
눈이 왔으면 좋겠어요. / 눈이 오면 좋겠어요.

（1）

_____.

（2）

_____.

（3）

_____.

（4）

_____.

（5）

_____.

❷ [보기]와 같이 쓰세요.

[보기]
가: 어제 왜 전화를 못 받았습니까?
나: 일찍 자느라고 전화를 못 받
았습니다.

(1)

가: 어제 왜 숙제를 못 했습니까?
나: _____.

(2)

가: 어제 왜 지하철에서 못 내립
니까?
나: _____.

(3)

가: 어제 왜 밥을 못 먹었습니까?
나: _____.

(4)

가: 왜 학교에 못 왔어요?
나: _____.

(5)

가: 왜 친구를 못 만났어요?
나: _____.

[듣기]

③ 잘 듣고 질문을 대답하세요. ♪

　　(1) 수정 씨는 얼마 동안 무한 씨를 기다렸습니까?

　　　　① 10분　　　　　　　　② 20분

　　　　③ 30분　　　　　　　　④ 1시간 30분

　　(2) 무한 씨가 늦은 이유는 무엇입니까?

　　　　① 교통사고가 나서 늦었습니다.

　　　　② 한국어를 가르치느라고 늦었습니다.

　　　　③ 길을 몰라서 늦었습니다.

　　　　④ 다윗 씨와 같이 오느라고 늦었습니다.

[말하기]

④ 미용실에 가서 머리를 하려고 합니다. 한 사람은 미용사가 되고 한 사람은 손님이 되어서 대화해 보세요.

　学生 1

　　저는 미용실의 손님입니다. 지금의 머리 모양이 마음에 들지 않습니다. 바꾸고 싶은 머리 모양을 미용사에게 설명해 보세요. 그리고 미용사가 추천하는 머리 모양을 그려 보세요.

내가 하고 싶은 머리 모양	미용사가 추천하는 머리 모양

저는 미용사입니다. 손님의 이야기를 듣고 손님의 지금 머리 모양을 그려 보세요. 그리고 손님에게 어울리는 머리 모양을 설명해 주세요.

손님이 하고 싶은 머리 모양	손님에게 어울리는 머리 모양

[읽기]

5 잘 읽고 질문에 답하세요.

분티안 씨가 미용실에 갔어요. 분티안 씨는 그동안 공부만 하느라고 머리를 못 잘랐습니다.

미용사: 어서 오세요.

분티안: 네. 머리를 좀 자르고 싶어서 왔어요.

미용사: 잠깐만 기다려 주세요.

　　　　기다리시는 동안 잡지를 좀 보고 계시겠어요?

(조금 후에)

미용사: 손님, 이쪽으로 앉으세요. 머리를 어떻게 잘라 드릴까요?

분티안: 뒷머리를 짧게 잘라 주세요.

미용사: 앞머리도 조금 다듬는 게 어떠세요?

분티안: 좋아요, 그렇게 해 주세요.

（1）위의 내용과 같이 <u>틀린 것</u>을 고르세요.

    ① 분티안 씨는 머리를 자르러 왔습니다.

    ② 분티안 씨는 잡지를 보면서 기다렸습니다.

    ③ 분티안 씨는 뒷머리를 다듬을 겁니다.

    ④ 분티안 씨는 미용실에 왔습니다.

（2）분티안 씨는 머리를 어떻게 자를 겁니까?

①

②

③

④

补充单词

파마하다【动】烫头，烫发	면도【名】刮脸，刮胡子
드라이하다【他】吹风，干洗	감다【形】黑
마치다【他】结束，完成	훨씬【副】更，多
미용사【名】美容师	

제 12 과

가 볼 만한 곳이 어디예요?

학습 목표

과　　제: 여행

심화 어휘: 관광지 관련 어휘

문　　법: -(으)ㄹ 만하다; -자마자; -(으)면서

질문

강원도에서 가 볼 만한 곳은 어디입니까?

课文1 ♫

분티안: 존 씨, 다음 주 휴가인데 계획 있어요?

존:　　네, 친구들과 여행을 가기로 했어요.

분티안: 어디로 갈 거예요?

존:　　강원도에 가기로 했어요. 분티안 씨는 가 본 적이 있어요?

분티안: 네. 작년에 가 본 적이 있어요. 참 좋았어요.

존:　　강원도에서 가 볼 만한 곳은 어디예요?

분티안: 속초와 설악산이 가 볼 만해요.

질문

사토미 씨는 남원에서 무엇을 했습니까?

课文 2 ♫

리　자: 사토미 씨, 방학 잘 보냈어요? 재미있는 일 많았어요?

사토미: 이설 씨와 같이 여행 갔다 왔어요.

리　자: 어디에 갔다 왔어요?

사토미: 남원에 갔다 왔어요. 먼저 고속버스를 타고 지리산에 갔어요. 지리산
　　　　으로 해서 남원에 갔어요.

리　자: 남원에서는 뭐 했어요?

사토미: 남원에 도착하자마자 사진을 찍으면서 구경했어요.

리　자: 다음에 사진을 보여 주세요.

课文单词

속초　束草		지리산　智异山
남원　南原		

✿ 심화 어휘

[관광지]

호수　湖水		강　　　江
폭포　瀑布		바닷가　海边

사막 沙漠	섬 岛
온천 温泉	절 寺庙

문법

1 -(으)ㄹ 만하다

用于动词词干之后，相当于汉语的"值得……"。

보기 : (1) 이 음식은 먹을 만해요. 这个食物值得吃一下。

(2) 백화점에 살 만한 물건이 있어요? 百货店里有值得一买的东西吗?

(3) 그분은 믿을 만한 분이에요. 哪位是值得信任的人。

(4) 이 소설은 읽을 만한 작품이에요. 这本小说是值得一读的作品。

2 - 자마자

用于动词词干之后，表示前分句的事情一结束，后分句的事情马上发生。

보기 : (1) 쥐가 고양이를 보자마자 도망갔어요. 老鼠一见到猫就跑了。

(2) 대학교를 졸업하자마자 바로 취직했어요. 大学一毕业就工作了。

(3) 너무 피곤해서 집에 도착하자마자 잤어요. 因为太累，一回家就睡了。

(4) 지하철 역에서 나오자마자 친구에게 전화를 했어요. 一出地铁站就给朋友打电话了。

3 -(으)면서

用于谓词词干之后，表示前后分句的动作同时发生。两个动作必须为同一主语。相当于汉语的"一边……一边……"。

보기 : (1) 가 : 기분이 좋을 때 어떻게 해요? 心情好的时候会做什么?

나: 노래를 하면서 춤을 춰요. 一边唱歌一边跳舞。

(2) 가: 어떻게 한국어를 공부했어요? 怎么学习韩语的？

　　 나: 저는 좋아하는 한국 드라마를 보면서 공부했어요. 我一
　　　　边看喜欢的电视剧一边学习。

(3) 가: 김신 씨는 언제 신문을 읽어요? 金信什么时候读报纸？

　　 나: 아침을 먹으면서 신문을 읽어요. 一边吃早饭一边读报纸。

(4) 가: 커피숍에 가서 이야기를 할까요? 去咖啡厅聊天好吗？

　　 나: 날씨가 좋으니까 걸어가면서 이야기를 해요. 天气很好
　　　　一边走一边聊吧。

활동1

① [보기]와 같이 완성하세요.

[보기]

가: 이 영화는 어때요?

나: 재미있어서 볼 만해요.

(1)

가: 이 옷이 어때요?

나: _____.

(2)

가: 이 책은 어때요?

나: _____.

(3)

가: 그 집이 어때요?

나: _____.

(4)

가: 음식 맛이 어때요?

나: _____.

(5)

가: 한국 노래는 어때요?

나: _____.

② [보기]와 같이 쓰세요.

[보기]

가: 어제 집에 가자마자 뭘 했어요? (가다)

나: 너무 피곤해서 집에 가자마자 잤어요.

---

(1) 가: 혜진 씨는 집에 가면 먼저 뭘 해요? (돌아가다)

　　 나: 저는 집에 _____ 컴퓨터를 켜요.

(2) 가: 보통 수업이 끝난 후에 뭐 해요? (끝나다)

　　 나: 저는 보통 수업이 _____ 도서관에 가요.

(3) 가: 왜 이렇게 힘들어 보여요? (내리다)

　　 나: 지각하지 않으려고 지하철에서 _____ 뛰어왔어요.

(4) 가: 그 책을 벌써 다 읽었어요. (사다)

나: 네, 아주 재미 있어서 _____ 읽기 시작했어요.

(5) 가: 오늘 새 옷을 입었네요! 잘 어울려요. (보다)

나: 고마워요. 마음에 들어서 _____ 샀어요.

❸ [보기]와 같이 쓰세요.

[보기]

가: 기분이 좋을 때 어떻게 해요?

나: 저는 노래를 부르면서 춤을 춰요. (노래를 부르다, 춤을 추다)

(1) 가: 가쁠 때 어떻게 해요?

나: _____. (박수를 치다, 소리를 지르다)

(2) 가: 속상할 때 어떻게 해요?

나: _____. (음악을 듣다, 청소를 하다)

(3) 가: 화가 날 때 어떻게 해요?

나: _____. (화가 난 이유를 생각하다, 일기를 쓰다)

(4) 가: 외로울 때 어떻게 해요?

나: _____. (술을 마시다, 친구한테 전화를 하다)

활동 II

[듣기]

❹ 잘 듣고 질문을 답하세요. ♪

(1) 김신 씨는 요즘 뭘 했습니까?

(2) 김신 씨는 시험 끝나면 뭘 하고 싶습니까?

[말하기]

⑤ [보기]와 같이 이야기를 보세요.

> [보기]
>
> 가: 오늘 점심을 먹자마자 화장품 가게에 가야 하는데 같이 갈
> 래요?
> 나: 그래요. 같이 갑시다. 그런데 화장품 가게에 왜 가려고 해요?
> 가: 스킨이랑 로션을 사야 해요.

	할 일	이유
보기	점심을 먹다/ 화장품 가게에 가다	스킨이랑 로션을 사다
(1)	오늘 수업이 끝나다/ 문구점에 가다	볼펜을 사다
(2)	숙제를 끝내다/ 약국에 가다	책을 사다
(3)	저녁 식사를 하다/ 마트에 가다	컵을 사다
(4)		
(5)		

[읽기]

⑥ 잘 읽고 질문에 대답하세요.

> 혜진 씨는 지난 주 월요일에 파리에 도착했습니다. 공항에 도
> 착하자마자 마중 나온 친구를 만났습니다. 그리고 같이 호텔에

갔습니다. 다음 날에 혜진 씨는 파리 시내를 구경하고 유명한 샹제리제 거리에 갔습니다. 정말 영화처럼 멋있었습니다. 파리의 거리도 건물도 사람들도 모두 분위기가 있어 보였습니다. 혜진 씨도 프랑스 화가와 같이 사진도 찍었습니다. 파리는 정말 예술의 도시인 것 같습니다. 가 볼 만한 곳이 많습니다. 일주일 여행했지만 파리를 사랑하게 되었습니다.

（1）혜진 씨는 파리에서 무엇을 했습니까?

（2）위의 내용와 같이 일치하는 내용을 고르세요.
　　① 혜진 씨는 친구와 같이 파리에 갔습니다.
　　② 혜진 씨는 프랑스에서 일주일 여행했습니다.
　　③ 프랑스 화가는 혜진 씨에게 그림을 그렸습니다.
　　④ 혜진 씨는 친구가 추천한 곳에 가 봤습니다.

补充单词

쥐【名】老鼠　　　　　　　스킨【名】护肤水
로션【名】润肤露　　　　　전시회【名】展示会
대학로【名】大学路　　　　즐겁다【形】欢乐，愉悦
도망가다【自】逃走，逃跑　뛰어오다【动】跑来，赶来
바로【副】正，端正；直

시험에 떨어질까 봐 걱정돼요

과　　　제: 걱정하기

심화 어휘: 감정 관련 어휘

문　　　법: -(○)ㄹ까 봐(서) ; -고 나서 ; -거든요

질문

리자 씨는 더워서 공부하기 힘들 때에 어떻게 해요?

课文1 ♫

혜진: 리자 씨, 날씨가 많이 더워졌지요.

리자: 네, 많이 더워졌어요.

혜진: 날씨가 더워서 공부하기 힘들지요?

리자: 네, 고향보다 많이 더워서 힘들어요.

혜진: 그러면 날씨가 시원할 때 공부하세요.

리자: 저는 이번 시험에 떨어질까 봐 걱정돼요. 그래서 잘 준비해야 돼요.

혜진: 더워서 공부하기 힘들 때에는 어떻게 해요?

리자: 더울 때 샤워를 하고 나서 수박을 먹어요. 그러면 시원해져요.

질문

혜진 씨는 왜 힘이 없어 보입니까?

课文 2 ♫

죤: 혜진 씨, 힘이 없어 보이는데 왜 그래요?

혜진: 어제 이사 준비하느라고 잠을 못 잤거든요.

죤: 이삿짐은 다 쌌어요?

혜진: 네, 오늘 시간이 모자랄까 봐 미리 다 쌌어요.

죤: 그런데 짐은 혼자 다 옮길 수 있어요?

혜진: 큰 짐이 많아서 걱정이에요.

죤: 그러면 제가 도와 드릴게요. 너무 걱정하지 마세요.

课文单词

더워지다【自】热起来		떨어지다【自】掉, 落
이사【名】搬家		이삿짐【名】搬家东西
모자라다【自】不足, 不够		미리【副】提前, 事先
옮기다【他】搬, 移动		

✿ 심화 어휘

[감정]

외롭다	孤独	섭섭하다	舍不得
부끄럽다	害羞	긴장하다	紧张
창피하다	丢脸	속상하다	伤心
화가 나다	生气	고민되다	苦闷

1 –(○)ㄹ까 봐(서)

担心未来发生某种情况而事前采取其他行动。相当于汉语的"怕"。

动词/形容词 –을까 봐 (서)	例: 멋없을까 봐 (서) 들을까 봐 (서)
动词/形容词 –ㄹ까 봐 (서)	例: 갈까 봐 (서) 떨어질까 봐 (서)
动词/形容词 –았/었/였을까 봐 (서)	例: 갔을까 봐 (서) 했을까 봐 (서)
名词 일까 봐 (서)	例: 거짓말일까 봐 (서) 진짜일까 봐 (서)
名词 이었을까 봐 (서)	例: 거짓말이었을까 봐 (서)
名词 였을까 봐 (서)	例: 진짜였을까 봐 (서)

보기: (1) 가: 일찍 왔네요. 来得很早啊!

　　　　 나: 늦을까 봐 택시를 타고 왔어요. 怕晚了就打出租车过
　　　　　　 来的。

　　 (2) 가: 선물이 마음에 들지 않을까 봐 걱정했어요. 担心礼物不
　　　　　　 合心意。

　　　　　 나: 아주 마음에 들어요. 정말 고마워요. 我很喜欢, 谢谢。

　　 (3) 가: 무슨 안 좋은 일 있어요? 有什么不好的事情吗?

　　　　　 나: 어머니께서 내가 거짓말한 것을 아실까 봐 너무 적정돼
　　　　　　 요. 很担心妈妈知道我说谎。

　　 (4) 가: 빨리 들어오세요. 이제 곧 시작해요. 快进来吧! 现在马
　　　　　　 上要开始了。

　　　　　 나: 다행이에요. 저는 벌써 시작했을까 봐 걱정했어요. 万
　　　　　　 幸, 我还担心已经开始了呢。

❷ - 고 나서

用于动词词干之后，表示前一个动作结束之后开始下一个动作。

보기: （1） 동생은 항상 숙제를 끝내고 나서 놀러 가요. 弟弟总是做完作业之后再去玩。

（2） 저녁 식사를 하고 나서 영화를 보러 갑시다. 吃完晚饭之后去看电影吧。

（3） 저는 결혼하고 나서 고향에 돌아가겠습니다. 我结完婚之后就要回老家了。

（4） 형은 모든 일을 부모님과 의논하고 나서 결정합니다. 哥哥所有事情都是和父母商量之后再做决定。

❸ - 거든요

用于谓词词干之后，强调事情的原因、理由。

보기: （1） 가: 왜 늦게까지 집에 안 가세요? 为什么这么晚还不回家?

나: 일이 많아서 오늘 야근을 해야 하거든요. 工作很多要加班。

（2） 가: 왜 항상 이 옷만 입어요? 为什么总是只穿这件衣服?

나: 저는 이 옷이 제일 편하거든요. 因为这件衣服最方便。

（3） 가: 오늘 오후에 만날 수 있어요? 今天下午能见面吗?

나: 죄송하지만 만날 수 없어요. 선약이 있거든요. 对不起不能见面了。有约在先。

（4） 가: 오늘은 피곤해 보이네요. 今天看起来很疲倦啊!

나: 네, 어젯밤에 모기 때문에 잠을 못 잤거든요. 是的, 昨晚因为蚊子都没能睡觉。

활동 1

1 어울리는 문장을 연결해서 한 문장으로 만드세요.

학교에 늦다 • • 차가운 음식을 안 먹다

배가 아프다 • • 운동화를 신다

시험을 못 보다 • • 걱정이다

눈이 와서 넘어지다 • • 뛰어가다

부모님께 혼이 나다 • • 거짓말을 한 적이 없다

(1) 학교에 늦을까 봐 뛰어갔어요.

(2) _____.

(3) _____.

(4) _____.

(5) _____.

2 [보기]와 같이 하세요.

[보기]

졸업하고 나서 취직했습니다.

(1)

_____

(2)

_____

(3)

_____

(4)

_____

(5)

_____

활동 II

[듣기]

③ 잘 듣고 질문에 대답하세요. ♪

(1) 분티안 씨는 지금 여름을 더 좋아합니까?

(2) 분티안 씨는 지난 겨울에 무슨 일이 생겼습니까?

[말하기]

④ 다음 상황이라면 어떤 기분일까요? 어떻게 표현해야 할까요? 친구에게 축하나 격려를 하려면 무슨 말을 해야 할까요? <학생1>과 <학생2>가 되어 이야기해 보세요.

(1)	학생1	대학교에 합격해서 행복해요.
	학생2	친구의 이야기를 듣고 축하해 주세요.
(2)	학생1	주말에 있을 한국어능력시험에 떨어질까 봐 걱정해요.
	학생2	친구의 이야기를 듣고 격려해 주세요.
(3)	학생1	다음 주의 회사 면접에서 실수할까 봐 걱정돼요.
	학생2	친구의 이야기를 듣고 격려해 주세요.
(4)	학생1	
	학생2	
(5)	학생1	
	학생2	

[읽기]

⑤ 잘 읽고 질문에 대답하세요.

　어제는 대학원 면접 시험 결과가 나온 날이었습니다. 미정 씨는 어젯밤에는 너무 긴장이 되어서 잠도 오지 않았습니다. 그때 중국에 있어서 전화 면접을 받았습니다. 면접관의 얼굴을 볼 수 없기 때문에 합격 자신이 별로 없었습니다. 그 동안 시험에 떨어질까 봐 걱정을 많이 했습니다. 다행이 결과는 합격이었습니다. 미정 씨는 너무 기뻐서 소리를 질렀습니다. 그리고 선생님께 전화를 드리고 나서 친구들과 노래방에 갔습니다. 이번에 시험에서 합격한 것은 다 선생님과 한국 친구들 덕분입니다.

（1）미정 씨는 이번 시험에 떨어졌습니까?

（2）지금 미정 씨의 심정은 어떻습니까?
　　① 심심하다
　　② 섭섭하다
　　③ 슬프다
　　④ 기쁘다

（3）미정 씨는 결과를 안 후에 무슨 일을 했습니까? 틀린 것을 고르세요.
　　① 소리를 지르기
　　② 부모님께 전화하기
　　③ 친구들과 노래를 부르기
　　④ 선생님께 전화하기

[쓰기]

❻ 여러분은 자신이 감정을 표현하는 방법이 마음에 들어요, 마음에 들지 않아요? 왜요? 여러분의 감정 표현 방식에 대해 정리하고 써 보세요.

补充单词

거짓말【名】谎话, 谎言

선약【名】预约, 有约在先

멋없다【形】难看, 无聊

위험하다【形】危险

기쁘다【形】高兴, 欢喜

결정하다【他】决定

뛰어가다【自、他】奔跑

격려하다【他】鼓励, 激励

야근【名】夜班

모기【名】蚊子

미끄럽다【形】滑

섭섭하다【形】难舍, 可惜

의논하다【他】商量, 商议

다치다【他】受伤

넘어지다【自】倒, 倒闭

지르다【他】插, 刺; 喊, 叫

제 14 과

한국 예절에 대해 알고 싶어요

학습 목표

과   제: 한국 예절

심화 어휘: 예절 관련 어휘

문   법: -에 대해(서); 문어체 문장 어미; -(으)며

질문

한국에서는 식사할 때 무엇을 주의해야 합니까?

课文 1 ♩

이설: 안녕하세요. 민호 씨.

민호: 어서 오세요. 신발을 벗고 들어오세요.

이설: 네. 알겠어요.

민호: 여기 앉으세요. 우리 같이 식사해요.

이설: 와, 맛있겠네요. 민호 씨가 만들었어요?

민호: 네. 많이 드세요.

이설: 한국 예절에 대해 많이 가르쳐 주세요. 저는 실수할까 봐 걱정돼요.

민호: 걱정하지 마세요. 제가 가르쳐 줄게요.

　　　한국에서는 식사할 때 그릇을 놓고 먹어야 돼요.

이설: 그래요?

민호: 그리고 술도 다른 사람이 따라 줘야 돼요.

　　　또 어른에게는 두 손으로 따라 드려야 돼요.

질문

한국에서는 어른을 만나면 어떻게 인사를 해야 합니까?

课文2 ♫

　한국에서는 지켜야 할 예절이 많다. 어른과 대화할 때는 꼭 높임말을 사용해야 하며 어른을 만나면 머리를 숙여서 인사를 해야 한다. 무거운 것을 들고 가시는 할아버지, 할머니를 보면 들어 드려야 되고 지하철이나 버스에서는 자리를 양보해야 한다. 어른들께 물건을 드릴 때는 꼭 두 손으로 드려야 한다. 그리고 어른과 전화를 할 때는 어른이 먼저 끊으신 후에 끊어야 한다. 이런 예절은 젊은 사람들이 나이가 많은 사람들과 함께 있을 때 지켜야 하는 것이다.

课文单词

그릇【名】碗	예절【名】礼貌, 礼节
대화【名】对话	높임말【名】敬语, 尊称
자리【名】位子, 位置	놓다【他】放; 安装
따르다【他】跟着, 跟随	실수하다【动】失误
지키다【他】守护; 遵守	양보하다【他】让步, 谦让
끊다【他】剪, 断	

✿ 심화 어휘

[예절]

예의가 있다　有礼貌	예의가 없다　没礼貌
예의가 바르다　礼仪端正	예의에 어긋나다　违背礼仪, 失礼

| 질서를 잘 지키다 | 遵守秩序 | 함부로 하다 | 胡闹，乱来 |
| 남을 잘 배려하다 | 关怀别人 | 큰 소리로 떠들다 | 大声喧哗 |

문법

1 – 에 대해(서)

用在名词之后，相当于汉语的"关于，对于"。在句子中也可用"– 에 대한"、"– 에 대하여"的形式。

보기: (1) 오늘은 한국 역사에 대해 배웠어요. 今天学习了韩国历史。

(2) 죤 씨는 영국의 건물에 대해 얘기했습니다. John谈了一下英国的建筑。

(3) 이 문제에 대해서 설명해 주세요. 关于这个问题，请给我说明一下。

(4) 나는 이 일에 대해 아무 것도 모른다. 关于这件事情，我什么都不知道。

2 문어체 문장 어미

韩国语中书面体句子语尾常用基本阶，基本阶主要用于非对话形式的书籍、报纸、日记或随笔等书面语中。在日常会话中也可使用，主要表示惊奇、感叹等主观感情或者通报某种情况。

时态	词 性	基本阶形式
现在	动词	词干 + ㄴ/는다
	形容词	词干 + 다
	名词	+ 이다
过去	动词、形容词	词干 + 았/었/였다
	名词	+ 이었다
将来	动词、形容词	词干 + 겠다

在"-지 않다"格式的否定句中,前面是动词时,用动词的活用形;前面是形容词时,用形容词的活用形。

보기:(1) 나는 일요일마다 교회에 간다. 我每周日都去教会。

(2) 형은 아침마다 머리를 감는다. 哥哥每天早上都洗头。

(3) 친구는 학교 근처에 산다. 朋友住在学校附近。

(4) 주말에 산 운동화가 좀 크다. 周末买的运动鞋有点大。

(5) 우리 오빠는 회사원이다. 我哥哥是公司职员。

(6) 알람 소리 때문에 너무 깜짝 놀랐다. 因为铃声,吓了一跳。

(7) 어제 본 영화가 아주 재미있었다. 昨天看的电影很有趣。

(8) 내일은 일이 너무 많아서 피곤하겠다. 明天事情很多,会很累。

(9) 나는 아침을 자주 먹지 않는다. 我经常不吃早饭。

(10) 이번 여름은 별로 덥지 않다. 今年夏天不是很热。

3 -(으)며

用于谓词词干之后,用于叙述两个或两个以上的动作或状态时使用。接在动词之后时,两个动作需是在同一时间发生的。

보기:(1) 우리 형은 키가 크며 잘 생겼습니다. 我哥哥个子高长得还帅。

(2) 오늘은 구름이 많으며 오후에는 비가 오겠습니다. 今天多云,下午会下雨。

(3) 친구를 기다리며 커피를 마셨습니다. 一边在等朋友,一边在喝咖啡。

(4) 오빠는 보통 밥을 먹으며 신문을 봅니다. 哥哥一般一边吃饭一边在看报。

(5) 제 취미는 우표 수집이며 동생의 취미는 독서입니다. 我的爱好是邮票收集,弟弟的爱好是读书。

1 [보기]와 같이 쓰세요.

> [보기]
> 가방이 무거워요. → <u>가방이 무겁다.</u>

(1) 한국 사람들은 김치를 많이 먹어요.

→ _____

(2) 시간이 있으면 자주 한국 음악을 들어요.

→ _____

(3) 너무 창피하면 얼굴이 빨개져요.

→ _____

(4) 저는 대학원생이 아니예요.

→ _____

(5) 이 사람은 제 친구예요.

→ _____

(6) 내일은 안개가 끼고 바람이 불 거예요.

→ _____

(7) 요즘에는 바빠서 친구를 거의 만나지 않아요.

→ _____

(8) 어제 본 영화가 별로 재미없었어요.

→ _____

❷ [보기]와 같이 쓰세요.

[보기]

가 : 남대문시장은 어떻습니까? (물건이 많다 / 조금 복잡하다)

나 : 남대문시장은 물건이 많으며 조금 복잡합니다.

(1) 가 : 왕영 씨는 언니하고 닮았습니까? (키가 크다 / 날씬하다)

　　나 : 아니요, 언니는 저보다 ＿＿＿＿＿＿＿＿＿＿＿＿＿

(2) 가 : 오늘 날씨가 어떻습니까? (시원하다 / 바람이 불다)

　　나 : ＿＿＿＿＿＿＿＿＿＿＿＿＿＿＿＿＿＿＿＿＿＿＿

(3) 가 : 사토미 씨는 성격이 어떻습니까? (밝다 / 부지런하다)

　　나 : ＿＿＿＿＿＿＿＿＿＿＿＿＿＿＿＿＿＿＿＿＿＿＿

(4) 가 : 밤에 보통 무엇을 합니까? (숙제를 하다 / 과자를 먹다)

　　나 : ＿＿＿＿＿＿＿＿＿＿＿＿＿＿＿＿＿＿＿＿＿＿＿

(5) 가 : 어머니께서는 지금 무엇을 하십니까? (요리를 하다 / 전화를

　　받다)

　　나 : ＿＿＿＿＿＿＿＿＿＿＿＿＿＿＿＿＿＿＿＿＿＿＿

　활동Ⅱ

[듣기]

❸ 잘 듣고 질문을 대답하세요. ♫

(1) 한국에서 어른과 술을 마실 때 어떻게 해야 합니까?

(2) 한국에서는 음식 예절이 무엇이 있습니까?

[말하기]

④ 다음 표를 보고 친구와 같이 이야기하세요.

질문 \ 이름		
_____ 씨에 대해서		
자기 고향에 대해서		
자기 취미에 대해서		

[읽기]

⑤ 잘 읽고 질문에 대답하세요.

나는 한국에 처음 왔을 때 한국 예절을 잘 몰라서 실수를 많이 했다. 한국이 우리 나라와 달리 지켜야 하는 예절이 많다. 예를 들어 집에 들어갈 때 신발을 벗어야 한다. 그리고 수업을 들을 때는 모자를 벗어야 한다. 또 식사할 때 숟가락과 젓가락을 한 손에 들고 먹으면 안 된다. 이외에 음식을 먹을 때 소리를 내거나 입 안에 음식이 있을 때도 말을 하면 안 된다. 나는 한국 예절에 대해 잘 몰라서 실수를 많이 해 봤다. 조금 창피했지만 한국의 예절을 배우는 게 좋다. 외국에서 살 때는 그 나라의 언어를 배우는 것도 중요하지만 문화를 아는 것도 중요한 것 같다.

(1) 위 글의 내용과 같은 것을 고르세요.

① 한국에서 밥을 먹을 때 소리를 낼 수 있다.

② 나는 한국에 처음 올 때 실수를 한 적이 없다.

③ 예절을 배우려면 문화를 몰라도 된다.

④ 한국에서 수업 할 때 모자를 쓰면 안 된다.

(2) 외국 생활에서 무엇이 중요합니까?

[쓰기]

6 여러분은 무슨 일에 대해서 관심이 많습니까? 다음을 써 보고 발표해 보세요.

나는 _____ 에 대해 관심이 많다. (이유는…) _____

_____

_____

_____

(그래서…) _____

_____

_____

补充单词

교회【名】教会	수집【名】收集
껌【名】口香糖	창피하다【形】丢脸, 羞愧
빨개지다【自】变红	밝다【形、动】明亮
돌리다【他】转；扭转	씹다【他】嚼
깜짝【副】吓一跳	조금씩【副】慢慢, 逐渐
마주【副】相对	

종합 연습

-(으)면 좋겠다	-는 게 어때요	-느라고
-ㄹ/을 만하다	-자마자	-(으)면서
-ㄹ/을까 봐서	-고 나서	-거든요
-에 대해(서)	-문어체 문장 어미	-(으)며

문법

1 '-에 대해(서)'를 이용하고 대화를 완성하세요.

> [보기]
>
> 가: 친구들과 만나면 무엇에 대해서 이야기해요?
>
> 나: 졸업 논문에 대해(서) 이야기해요.

(1) 가: 대학교에서 무엇을 공부하고 있어요?

　　나: _____.

(2) 가: 누구에 대해서 더 알고 싶어요?

　　나: _____.

(3) 가: 사람을 처음 만나면 무엇에 대해서 질문해요?

나: _____.

(4) 가: 인터넷으로 무엇에 대해서 자주 검색해요?

나: _____.

② 어떻게 말해야 할까요? '–거든요'를 사용해 상황에 맞게 문장을 만드세요.

[보기]

약국   설사약 좀 주세요.   배가 아프거든요_____.

(1) 학교 사무실   학생증을 다시 만들 수 있어요?

_____.

(2) 음식점   너무 짜지 않게 해 주세요.

_____.

(3) 세탁소   이 코트 내일까지 드라이클리닝해 주세요.

_____.

(4) 구두 가게   좀 작은 걸로 보여 주세요.

_____.

(5) 수선집   바지를 좀 줄여 주세요.

_____.

③ 다음 대화를 읽고 이설 씨의 일기를 완성하세요.

존: 오늘 뭐 할 거예요?

이설: 오늘 분티안 씨 생일이에요. 그래서 친구들과 같이 분티안 씨
      생일 파티에 갈 거예요.

존: 재미있겠어요. 무슨 선물을 샀어요?

이설: 책을 샀어요.

죤:　 그 친구가 책을 좋아해요?

이설: 네, 책은 뭐든지 다 좋아해요. 그리고 운동도 좋아해요.

죤:　 그래요? 그럼 같이 운동도 해요?

이설: 주말에 시간이 있으면 학교에서 가끔 같이 탁구를 쳐요.

죤:　 오늘 집에 늦게 들어가겠어요.

이설: 그럴 것 같아요. 내일은 집에 일찍 가서 숙제도 하고 시험 준비도 해야 돼요.

죤:　 그래요. 재미있게 놀고 내일 학교에서 만납시다.

2017년 7월 19일 수요일　　날씨 : 비

[보기] 오늘은 분디안의 생일이었다 _____ .

(1) 나는 책을 사고 _____ .

(2) 분티안 씨는 책도 _____ .

(3) 그래서 _____ .

(4) 오늘은 너무 _____ .

(5) 내일은 _____ .

듣기

④ 잘 듣고 써 보세요. ♫

미용사: 어서 오세요. 어떻게 해 드릴까요?

손님:　 머리를 좀 자르고 싶은데요. (1) _____ .
　　　 그리고 (2) _____ 조금만 다듬어 주세요.

미용사: 네, 그럼 앞머리는 짧게 잘라 드리고 옆머리하고 뒷머리는 조금만 다듬어 드리면 되겠네요.
　　　 손님, 요즘 밤색으로 염색을 하는 것이 유행이에요.

(3) _____ 밤색은 잘 어울일 거예요.

손님: 네, 그럼 밤색으로 염색을 해 주세요.

미용사: 손님. (4) _____? 며칠이 지나면 자연스러워질 거니까요.

손님: 네. (5) _____.

5 잘 듣고 질문에 대답하세요. ♫

(1) 이설 씨는 왜 피곤해 보입니까?

(2) 맞으면 ○, 틀리면 × 표 하십시오.

① 리자 씨는 이번에 한국어능력시험을 봤어요.   (   )

② 이설 씨는 아침부터 계속 컴퓨터 앞에 앉아 있어요. (   )

③ 이설 씨는 시험에 떨어질까 봐 걱정을 많이 했어요.   (   )

말하기

6 그림을 보고 [보기]와 같이 이야기해 보세요.

①

한라산

마장

②

해운대

범어사

③

청평사

소양댐

④

불구사

석굴암

[보기]

　저는 지난 주말에 친구와 같이 서울로 여행을 갔어요. 칭다오에서 비행기로 2시간쯤 걸려서 서울에 도착했어요. 주말이기 때문에 사람들이 많아서 비행기 안에 좀 시끄러웠어요. 그렇지만 그 소리가 듣기 싫지 않았어요. 서울에 도착하자마자 사진을 찍으면서 구경했어요. 남산타워, 명동, 동대문 등 유명한 관광지에다 가 봤어요. 아주 재미있었어요. 서울에는 볼 만한 것이 많아요. 이번에는 2박 3일밖에 여행을 못 했지만 다음에는 길게 여행을 할 생각이에요.

7 잘 읽고 질문에 대답하십시오.

> 우리 나라의 식사 예절은 한국과 다르다. 첫째, 숟가락은 탕요리나 국을 먹을 때 사용하며 젓가락은 밥을 먹을 때 쓴다. 그리고 깨끗하게 먹기 위해 한국과 달리 밥공기를 들고 젓가락으로 먹는 것이 일반적이다. 둘째, 한국에서는 보통 고개를 숙여 숟가락으로 밥을 먹는다. 우리 나라에서는 이러면 절대 안 된다. 셋째, 한국에서는 보통 음식을 남김없이 먹는 것이 좋지만 우리 나라에서는 음식을 조금 남기는 것이 좋다. 우리 나라 사람들은 다 먹기 힘들 정도로 푸짐하게 차려진 식사를 최고로 여기기 때문이다.

(1) 위 글에서 '우리 나라'는 어느 나라입니까?

(2) 위 글의 내용과 <u>다른</u> 것을 고르십시오. (　　　)
  ① 우리 나라에서 밥은 젓가락으로 먹는다.
  ② 한국에서 밥공기를 들고 젓가락으로 먹는 것이 일반적이다.
  ③ 한국에서는 음식을 남기면 좋지 않다.
  ④ 우리 나라에서는 음식을 푸짐하게 차리는 것이 좋다.

쓰기

8 여러분은 제일 인상적인 여행 경험을 글로 쓰세요.

질문하다【动】提问

세탁소【名】洗衣房(店)

드라이클리닝하다【动】干洗

일반적【冠、名】一般,普通

밤색【名】栗色,褐色

자연스럽다【形】自然地,天然的

검색하다【他】搜索,搜查

코트【名】大衣,外衣

숙이다【他】俯,低

절대【名、副】绝对

깔끔하다【形】利落,干练

제 16 과

넘어질 뻔했어요

학습 목표

과   제: 실수

심화 어휘: 실수 관련 어휘

문   법: -군요 / -구나; -만에;

　　　　　-(으)ㄹ 뻔하다; -기 위해(서)

질문

사토미 씨는 자전거를 잘 탔습니까?

课文1 ♫

이 　설: 사토미 씨, 자전거를 잘 타네요.

　　　　자전거 탄 지 얼마나 되었어요?

사토미: 자전거 탄 지 10년이 되었어요.

이 　설: 오래돼서 이렇게 잘 타는군요.

사토미: 아니예요. 오래만에 타서 잘 못 타겠어요.

이 　설: 얼마 만에 타는 거예요?

사토미: 3년 만에 타는 거예요. 그래서 아까 넘어질 뻔했어요.

이 　설: 그래요? 조심하세요.

질문

죤 씨는 무슨 일이 날 뻔했습니까?

课文 2 ♫

분티안: 죤 씨, 어디에 갔다 왔어요?

죤:　　전자 사전을 사기 위해 용산에 갔다 왔어요.

분티안: 전자 사전을 샀어요?

죤:　　전자 사전을 샀는데, 큰일날 뻔했어요.

분티안: 왜요? 무슨 일 있었어요?

죤:　　길을 잃어버릴 뻔했거든요. 전자 상가도 1시간 만에 찾았어요.

분티안: 용산은 사람이 많고 길도 복잡해요. 그래서 길을 찾기 힘들어요.

课文单词

용산【名】龙山		상가【名】商业街	
큰일나다【自】出大事(了)			

✿ 심화 어휘

[걱정]

아깝다	遗憾, 可惜	심각하다	严重, 严峻
후회가 들다	后悔	소용없다	没用
조심하다	小心	정신을 차리다	打起精神
주의하다	注意	신경을 쓰다	操心, 费神

문법

1 - 군요 / -구나

用于谓词词干之后。表示对新知道事实发出感叹的终结语尾，一般用于听了对方的话之后，表示肯定。尊敬阶用 "- 군요"，基本阶用 "- 구나"。形容词后用 "- 군요/-구나"；动词后用 "- 는군요/-는구나"；过去式及将来式后用 "- 군요/구나"；名词后用 "-（이）군요/구나"。

보기：（1）가 : 한라산은 참 아름답네요. 汉拿山好美啊！

　　　　　나 : 그렇군요. 是啊！

　　　（2）가 : 저는 다음 주에 토픽 시험을 볼 거예요. 我下周要考
　　　　　　　 Topik考试。

　　　　　나 : 그래서 요즘 이렇게 바쁘군요. 所以最近这么努力啊！

　　　（3）가 : 이 사람은 제 여동생이에요. 미스코리아예요. 这个人是
　　　　　　　 我妹妹。是韩国小姐。

　　　　　나 : 여동생이 아주 예쁘군요. 妹妹好漂亮啊！

　　　（4）가 : 분티안 씨의 한국어 실력이 많이 늘었어요. 芬狄安的韩
　　　　　　　 语实力提高了很多。

　　　　　나 : 요즘 공부를 아주 열심히 하시는군요. 最近学习很努
　　　　　　　 力啊！

2 - 만에

用于表示时间段的名词之后。表示自某一事情发生以来至另一事情发生之前间隔的时间。

보기：（1）십 년 만에 고향에 왔어요. 时隔十年回到了家乡。

　　　（2）그 사람을 다시 만난 지 일년 만에 헤어졌어요. 再见那个人
　　　　　 不到一年就分开了。

　　　（3）친구를 3년 만에 다시 만나서 정말 반가워요. 时隔三年再次
　　　　　 见到朋友真地很开心。

（4）두 사람은 사귄 지 5년 만에 드디어 결혼을 했다. 两人交往有5年了, 终于结婚了。

③ -(으)ㄹ 뻔하다

用于动词词干之后, 相当于汉语的"差一点儿……"。

보기: （1）교실에서 넘어질 뻔했어요. 差点在教室摔倒。

（2）날씨가 갑자기 추워져서 감기에 걸릴 뻔했어요. 天气突然变冷, 差点感冒。

（3）아침에 늦게 일어나서 학교에 늦을 뻔했어요. 早上起来晚了, 差点上学迟到。

（4）담배꽁초를 버려서 불이 날 뻔했어요. 丢了烟头, 差点着火。

④ -기 위해(서)

用于动词词干之后, 相当于汉语的"为了……"的意思。名词和代词后用 "-을/를 위해(서)"。

보기: （1）한국말로 이야기하기 위해서 한국말을 배웁니다. 为了用韩语交流学习韩语。

（2）집에 가기 위해서 지하철을 탔어요. 为了回家乘坐了地铁。

（3）자신을 위해서 열심히 일해야 합니다. 为了自己要努力的工作。

（4）누구를 위해서 공부하세요? 为了谁学习的?

활동1

① [보기]와 같이 쓰세요.

[보기]

가: 얼마 만에 친구를 만나요?

나: 5년 만에 친구를 만나요.

(1) 가: 집에 얼마 만에 전화해요? (3일)

　　 나: _____ .

(2) 가: 얼마 만에 하는 데이트입니까? (일주일)

　　 나: _____ .

(3) 가: 얼마 만에 밥을 먹어요? (12시간)

　　 나: _____ .

(4) 가: 얼마 만에 고향에 갑니까? (10개월)

　　 나: _____ .

❷ [보기]와 같이 하세요.

[보기]

아기가 깰 뻔했어요.

(1)

_____ .

(2)

_____ .

(3)  _____.

(4)  _____.

(5)  _____.

[듣기]

❸ 잘 듣고 질문에 대답하세요. ♪

(1) 존 씨는 출입국 관리 사무소에 왜 갔나요?

(2) 존 씨는 왜 앞으로 더 일찍 와야 돼요?

[말하기]

4 그림을 보고 왜 왔는지 묻고, 온 이유를 말해 보세요.

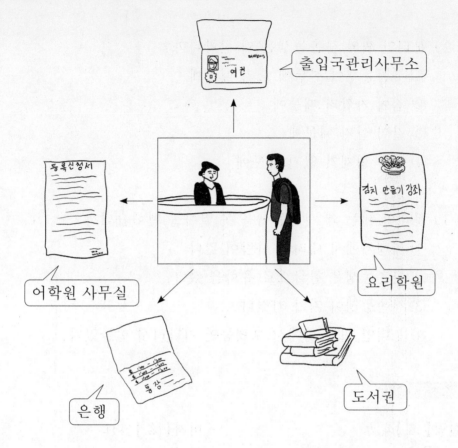

출입국관리사무소

등록신청서

어학원 사무실

김치 만들기 강좌

요리학원

은행

도서권

[읽기]

5 잘 읽고 질문에 대답하세요.

> 분티안 씨는 지난 주 일요일에 사촌동생을 마중 나가기 위해서 인천 공항으로 갔다. 그 동안 한국으로 유학을 갔기 때문에 사촌동생을 만나지 못했다. 두 사람은 모두 형제가 없기 때문에 어렸을 때부터 아주 친하다. 그날 비행기에서 내려온 사람이 많아서 분티안 씨는 오랫동안 기다렸다. 드디어 1년 만에 사촌동생을 만났다. 사촌동생을 만날 때 분티안 씨는 놀라고 못 알아볼 뻔했다. 그동안 사촌동생은 키가 많이 커졌기 때문이다.

（1）분티안 씨와 사촌동생은 몇 년 만에 만났습니까?
　　①3개원　　　②6개월　　　③1년　　　④2년

（2）분티안 씨와 사촌동생은 왜 친합니까?
　　① 사촌동생이 한국에 오기 때문에
　　② 집이 가깝기 때문에
　　③ 같이 살기 때문에
　　④ 모두 형제가 없기 때문에

（3）분티안 씨는 왜 사촌동생을 못 알아볼 뻔했습니까?
　　① 비행기에서 내려온 사람이 많다.
　　② 사촌동생은 한국으로 유학을 갔다.
　　③ 사촌동생이 키가 커졌다.
　　④ 분티안 씨는 밖에서 오랫동안 기다려서 힘들었다.

补充单词

실력【名】实力	비자【名】签证
등록금【名】学费	증명서【名】证明书
통장【名】存折	담배꽁초【名】烟头, 烟蒂
늘다【自】增加, 增多	헤어지다【自】分手, 分别
버리다【他】扔；抛弃	연장하다【他】延长
드디어【副】终于	

배탈인가 봐요

과   제: 통증
심화 어휘: 통증 관련 어휘
문   법: -나 보다 / -(으)ㄴ가 보다;
          'ㅅ'불규칙; -다가; -(으)ㄹ 테니까

질문

(1) 죤 씨는 어제 저녁을 뭘 먹었습니까?

(2) 약을 먹고 안 나으면 어떻게 해야 합니까?

课文1 ♫

죤: 안녕하세요? 선생님.

약사: 어서 오세요. 어떻게 오셨어요?

죤: 어제 저녁을 먹고 나서 배가 아프
       기 시작했어요.

약사: 어떻게 아프지요?

죤: 아랫배가 바늘로 찌르는 것처럼 아
       파요.

약사: 배탈인가 봐요. 어제 저녁에 뭘 드셨어요?

죤: 샤브샤브를 먹었어요. 그리고 술도 많이 마셨어요.

약사: 우선 이 약을 먹고 안 나으면 병원에 한번 가 보세요.

질문

분티안 씨는 언제 팔을 다쳤습니까?

课文2 ♩

의사: 어떻게 오셨습니까?

분티안: 운동하다가 넘어져서 팔을 다쳤어요.

의사: 어디 봅시다. 피도 났네요. 피가 많이 났어요?

분티안: 아니요. 많이 나지는 않았어요.

의사: 그래요? 그럼, 여기를 누르면 어때요?

분티안: 아, 아, 아!

의사: 그럼, 팔을 이렇게 한번 돌려 보세요. 아프세요?

분티안: 아니요. 괜찮아요.

의사: 다행히 팔이 부러지지는 않았네요.

분티안: 괜찮은 거예요?

의사: 네. 약을 처방해 드릴 테니까 하루에 세 번 드시고 연고는 상처에 바
         르세요. 그리고 팔을 안 쓰는 게 좋으니까 오늘은 아무 일도 하지 말
         고 푹 쉬세요. 일주일 후 안 나으면 다시 오세요.

분티안: 네. 감사합니다.

课文单词

팔【名】胳膊

바늘【名】针

상처【名】伤口,创伤

연고【名】软膏

처방하다【动】开药

찌르다【他】刺,扎

부러지다【自】折,折断

바르다【他】上,涂抹

다행히【副】幸亏,万幸

✿ 심화 어휘

[통증]

체하다/소화가 안 되다	消化不良	토하다	吐
속이 답답하다	胸闷	얼굴이 붓다	脸肿
발목을 삐다	崴脚	손을 데다	烫伤手
여드름이 나다	长青春痘	피부가 가렵다	皮肤痒

문법

❶ -나 보다 / -(으)ㄴ가 보다

　　用于谓词词干之后,表示说话人对某一事实或情况的推测。动词后用 "-나 보다"; 形容词后用 "-(으)ㄴ가 보다"; 名词后用 "-인가 보다"。

　　보기: (1) 밖에 눈이 오나 봅니다. 外面好像在下雨。

　　　　　(2) 땀을 많이 흘리는 것을 보니 더운가 봐요. 从留了很多汗来看,好像很热。

　　　　　(3) 두 사람이 인사하는 것을 보니까 친구인가 봐요. 看两个人打招呼,好像是朋友。

　　　　　(4) 계속 웃는 것을 보니 영화가 재미있나 봐요. 从一直在笑来看,电影好像很有趣。

② "ㅅ" 불규칙

部分词干末音节"ㅅ"的动词后接元音时,"ㅅ"脱落。但"씻다"、"웃다"、"빗다"、"벗다"等词除外。

	아/어요	으면	았/었어요	으니까	습니다
낫다	나아요	나으면	나았어요	나으니까	낫습니다
짓다	지어요	지으면	지었어요	지으니까	짓습니다
붓다	부어요	부으면	부었어요	부으니까	붓습니다
씻다	씻어요	씻으면	씻었어요	씻으니까	씻습니다
웃다	웃어요	웃으면	웃었어요	웃으니까	웃습니다

보기:（1）이 약을 먹으면 빨리 나을 거예요. 吃了这个药,马上就会好了。

（2）저는 바닷가에 하얀 집을 지을 거예요. 我要在海边造一座白色的房子。

（3）물을 많이 마시고 자서 아침에 눈이 부었어요. 因为睡前喝了很多水,所以早上眼睛肿了。

（4）그녀가 웃으면 저도 행복해요. 她一笑我就幸福了。

③ – 다가

用在动词词干之后,表示停下正在进行的动作去做其他的事情。

보기:（1）텔레비전을 보다가 잤어요. 电视看着看着睡着了。

（2）밥을 먹다가 전화를 받았어요. 吃饭中途接了个电话。

（3）식탁을 정리하다가 유리컵을 떨어뜨렸어요. 整理饭桌的途中打掉了玻璃杯。

（4）여기에서 똑바로 걸어가다가 오른쪽으로 가세요. 从这里直走,然后向右转。

④ –(으)ㄹ 테니까

用在谓词词干之后,表示说话人的意志、打算或推测。主语为第一人称,表示说话人的意志，此时前后主语不同；主语为第三人称时，表示说话人的推测。常用于命令句、共动句中。

보기 : (1) 저는 방을 정리할 테니까 혜진 씨는 설거지를 하세요. 我来整理房间, 慧珍你就刷碗吧。

(2) 제가 기다릴 테니까 천천히 오세요. 我会等你, 慢点来。

(3) 무한 씨는 한국에 처음 와서 외로울 테니까 많이 도와주세요. 穆寒第一次来韩国可能会孤单, 请大家多多帮忙。

(4) 내일은 좀 바쁠 테니까 주말에 만납시다. 明天可能有点忙, 我们周末见面吧。

활동 1

1 [보기]와 같이 쓰세요.

[보기]
가: 이설 씨가 왜 자꾸 웃어요?
나: 기분이 좋은가 봐요.

(1)

가: 이설 씨 옆에 있는 사람이 누구예요?

나: _____.

(2)

가: 혜진 씨가 집에 왜 일찍 갔어요?

나: _____.

(3)

가: 선생님의 아기가 조용하죠?

나: _____.

(4)

가: 이설 씨가 예전보다 많이 날씬해
졌어요.

나: _____.

(5)

가: 밖에 무슨 일이 있습니까?

나: _____.

② [보기]와 같이 쓰세요.

[보기]

깎아 드릴게요. 그러니까 또 오세요.

→ 깎아 드릴 테니까 또 오세요.

(1) 저는 음식을 만들게요. 그러니까 이설 씨는 청소를 하세요.

→ _____.

(2) 내일은 눈이 올 거야. 그러니까 옷을 따뜻하게 입으세요.

→ _____.

(3) 이따가 선생님께서 전화하실 거예요. 그러니까 좀 기다립시다.

→ _____.

(4) 기말 고사가 어려울 거예요. 그러니까 열심히 준비하세요.

→ _____.

(5) 내일은 절대로 늦지 않을 거예요. 그러니까 걱정하지 마세요.

→ _____.

③ 알맞은 것을 빈 칸에 쓰세요.

(1) 예쁜 집을 _____ -(으)려고 합니다. (짓다)

(2) 가 : 몸은 좀 괜찮아졌어요?

나 : 네, 주말에 쉬어서 다 _____ -았/었/했어요. (낫다)

(3) 한국에서는 집에 들어갈 때 신발을 _____ -아/어/해야
됩니다. (벗다)

(4) 잇몸이 _____ -아/어/해서 음식을 먹을 수가 없어요.
(붓다)

(5) 감기에 걸리지 않으려면 손과 발을 깨끗하게 _____
-아/어/해야 돼요. (씻다)

활동 II

④ 잘 듣고 질문을 대답하세요. ♫

(1) 분티안 씨가 말한 내용이 <u>아닌 것</u>은 무엇입니까?

① 어제 아이스크림을 많이 먹었다.

② 배가 아파서 병원에 왔다.

③ 어젯밤부터 배가 아파지기 시작했다.

④ 저녁을 많이 먹어서 배탈이 났다.

(2) 분티안 씨는 어떻게 해야 됩니까?

[말하기]

⑤ 다음 그림을 순서에 맞게 연결해서 말해 보세요.

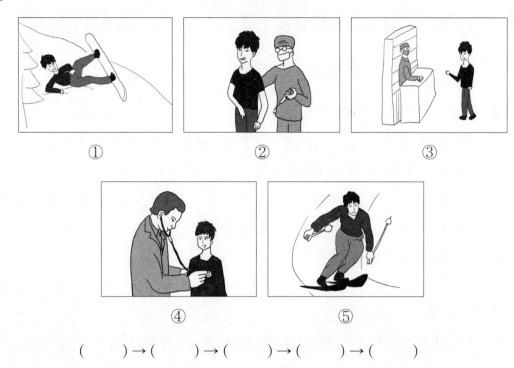

① ② ③

④ ⑤

(   ) → (   ) → (   ) → (   ) → (   )

[읽기]

⑥ 잘 읽고 질문에 대답하세요.

저는 발목을 잘 삐는 편인 사람이다. 보통 사람들은 굽이 높은 신발을 신었을 때 발목을 삐는데, 저는 운동화를 신고 있을 때도 발목을 삔다. 그리고 운동하다가 발목을 삐는 때도 많다. 정말 신기하죠? 발목을 삐었을 때 어떻게 하는 것이 좋을까? 먼저 무조건 앉아서 쉬어야 한다. 자리에 앉으면 신발과 양말을 벗어야 한다. 그리고 밤에 잘 때 발목을 약간 높은 곳에 올려놓는 것이 좋다. 이렇게 한 후에 안 나으면 병원에 가서 의사 선생님을 만나야 한다. 의사 선생님은 알아서 잘 치료해 주실 테니까 걱정을 많이 안 해도 된다.

（1）발목을 삐었을 때 먼저 어떻게 하면 좋을까요?

（2）필자에 대한 설명이 맞으면 ○, 틀리면 ×에 표시하세요.
　　① 운동을 하다가 자주 다친다.　　　　　　　　　　　（　　　）
　　② 굽이 높은 구두를 자주 신는다.　　　　　　　　　　（　　　）
　　③ 발목을 삐었을 때는 우선 앉아서 쉬어야 한다.　　　（　　　）
　　④ 발목을 삐면 항상 걱정을 많이 한다.　　　　　　　　（　　　）

补充单词

바닷가【名】海边
유리컵【名】玻璃杯
잇몸【名】牙龈, 牙床
발목【名】脚脖子
행복하다【形】幸福
짓다【他】做; 造
붓다【自】肿
올려놓다【他】放在上边; 提高
어뜨리다【他】使掉下
천천히【副】慢慢
약간【名、副】一些, 若干

식탁【名】饭桌, 餐桌
설거지【名】刷碗
설사【名】腹泻
낫다【形、自】好, 强; 痊愈
흘리다【他】流, 掉
웃다【自】笑
씻다【他】洗, 擦
정리하다【他】整理, 收拾
삐다【动】扭, 崴
무조건【名、副】无条件

제 **18** 과

한국 생활은 어때요?

학습 목표

과 제: 한국생활

심화 어휘: 한국 생활 관련 어휘

문 법: - 게 되다; - 에 비해서; - 는데(2);
         - 뿐만 아니라

질문

이설 씨는 왜 한국의 회사에서 일하고 싶습니까?

课文 1 ♫

김신: 이설 씨는 한국에 온지 오래 됐어요?

이설: 아니요. 아직 9개월밖에 안 됐어요.

김신: 어떻게 해서 한국어를 배우게 되었어요?

이설: 한국의 회사에서 일하기 위해서 한국어를
      배우게 되었어요.

김신: 왜 한국의 회사에서 일하고 싶어요?

이설: 한국은 다른 나라에 비해서 중국과 가깝기
      때문에 앞으로 많은 교류가 있을 거예요. 그
      래서 한국 회사에서 일하려고 해요.

김신: 한국 생활은 어때요? 아직 힘들어요?

이설: 친구들도 많고 한국어 공부도 재미있어서 별로 힘들지 않아요.

질문

왕영 씨는 한국 전통 문화만 좋아합니까?

课文2 ♫

왕영: 혜진 씨, 이번 주말에 시간 있으면 같이 전주에 안 갈래요? 친구들하고 한옥 체험을 하고 싶은데 혜진 씨가 좀 설명해 주세요.

혜진: 이번에는 한옥 체험이에요? 왕영 씨는 정말 대단해요.

왕영: 저는 한국 생활이 정말 즐거워요. 특히 전통 문화를 체험하는 것이 너무너무 좋아요.

혜진: 한국 문화를 좋아해서 다행이에요.

왕영: 저는 한국 전통 문화뿐만 아니라 한국 음식도 너무 좋아해요.

혜진: 그럼 처음부터 한국음식을 좋아했어요?

왕영: 아니요. 처음에는 매운 음식을 잘 못 먹어서 좀 고생했어요. 그런데 이제는 매운 음식을 제일 좋아하게 되었어요.

课文单词

비하다【他】比较		교류【名】交流
한옥【名】韩屋		체험【名】体验，经验
전통【名】传统		

✿ 심화 어휘

[한국 생활]

고생하다	辛苦	노력하다	努力
익숙해지다	变熟练	즐거워지다	喜欢,享受
시간이 흐르다/지나다	时间流逝/过去	경험을 하다	经验,经历
실력을 늘리다	提升实力	마음이 따뜻하다	心温暖

문법

1 – 게 되다

用于动词之后,表示由于某种原因或因素,造成事物的状态或性质发生变化。

보기: (1) 저는 작년부터 이 일을 시작하게 되었습니다. 我从去年起就开始了这件事。

(2) 모임에서 만나서 그 선배님을 알게 되었어요. 自从聚会中见面之后我就认识了那个前辈。

(3) 제가 미국으로 출장을 가게 되었습니다. 我去美国出差了。

(4) 비자 기간이 끝나서 일본으로 돌아가게 되었다. 签证到期之后就回了日本。

2 – 에 비해서

用于体词之后,表示比较。也可为"– 에 비해"、"– 에 비하여"或"– 에 비하면"的形式。

보기: (1) 이 책은 그 책에 비해서 어려워요. 这本书比那本书难。

(2) 그 아이는 다른 아이에 비해서 똑똑해요. 那个孩子比其他孩子聪明。

（3）그 사람은 나이에 비해 어려 보여요. 那个人和她的年龄相比，看起来更小。

（4）그 음식은 값에 비해 맛이 없어요. 那个食物和它的价格相比，并不好吃。

③ – 는데(2)

前分句为后分句的背景，表示承上启下的关系。动词后用"–는데"；形容词后用"–ㄴ/은데"；时制语尾"았/었/였，겠"之后用"–는데"。

보기:（1）가: 다음 주에 발표가 있는데 좀 도와줄 수 있어요? 下周有发表,能帮一下我吗?

　　　　나: 오늘은 좀 바쁜데 내일 도와주면 안 돼요? 今天有点忙,明天帮你可以吗?

　　（2）가: 저 부탁이 있는데 들어주실 수 으세요? 那个,我有个请求,能帮我吗?

　　　　나: 뭔데요? 是什么?

　　（3）가: 삼계탕 맛이 어때요? 参鸡汤味道如何?

　　　　나: 한국에 갔을 때 먹어 봤는데 아주 맛있었어요. 去韩国的时候吃过,味道很好。

　　（4）가: 내일부터 시험인데 공부 안 해도 돼요? 明天起就考试了,不学习也可以吗?

　　　　나: 이제 할 거예요. 现在就学。

④ – 뿐만 아니라

用于名词之后，表示递进关系，相当于汉语的"不仅……而且……"。谓词词干后用"–（으）ㄹ 뿐만 아니라"。

보기:（1）친구가 쓰기뿐만 아니라 말하기도 잘해요. 朋友不仅写作好,口语也很好。

　　（2）이번 일은 너뿐만 아니라 우리 모두 참가해야 할 중요한 일

이다. 这次的事不仅是你，而且是我们全都应该参加的重要的事。

（3）김신 씨는 공부를 잘할 뿐만 아니라 운동도 잘한다. 金信不仅学习好，而且运动也好。

（4）그 식당은 음식이 맛있을 뿐만 아니라 양도 많아요. 那个食堂的事物不仅好吃而且量还多。

활동 1

1 [보기]와 같이 하세요.

> [보기]
> 가: 한국은 미국에 비해서 어때요? (물가가 싸다)
> 나: 한국은 미국에 비해서 물가가 싸요.

（1）가: 그 사람은 어떻게 생겼어요? (손/ 발이 크다)

　　나: _____.

（2）가: 요즘 날씨가 어때요? (작년/ 비가 많이 오다)

　　나: _____.

（3）가: 그 가수의 노래가 어때요? (1집/ 노래가 안 좋다)

　　나: _____.

（4）가: 이사 간 집은 어때요? (옛날 집/ 크고 편하다)

　　나: _____.

（5）가: 한국 축구가 어때요? (예전/ 실력이 좋아지다)

　　나: _____.

2 어울리는 문장을 연결해서 한 문장으로 만드세요.

> (1) 케이크가 예쁘다   •   • 눈도 많이 오다
>
> (2) 겨울에는 날씨가 춥다   •   • 노래도 잘 부르다
>
> (3) 친구는 그림을 잘 그리다   •   • 재미있게 놀다
>
> (4) 생일파티에서 음식을 많이 먹다   •   • 연기도 잘하다
>
> (5) 그 배우가 멋있다   •   • 맛도 좋다

(1) 케이크가 예쁠 뿐만 아니라 맛도 좋습니다.

(2) _____

(3) _____

(4) _____

(5) _____

[활동 II]

[듣기]

3 잘 듣고 질문을 대답하세요. ♪

(1) 무한 씨가 이사짐 정리를 빨리 끝낸 이유는 무엇입니까?

(2) 내용과 같은 것을 고르세요.

　① 무한 씨가 김신 씨와 같이 이사했다.

　② 김신 씨는 무한 씨에게 이삿짐센터를 추천했다.

　③ 무한 씨가 혼자 이사했다.

　④ 이삿짐센터 직원들이 불친절한다.

④ 그림을 보면서 한국에 와서 달라진 것을 서로 이야기해 보세요.

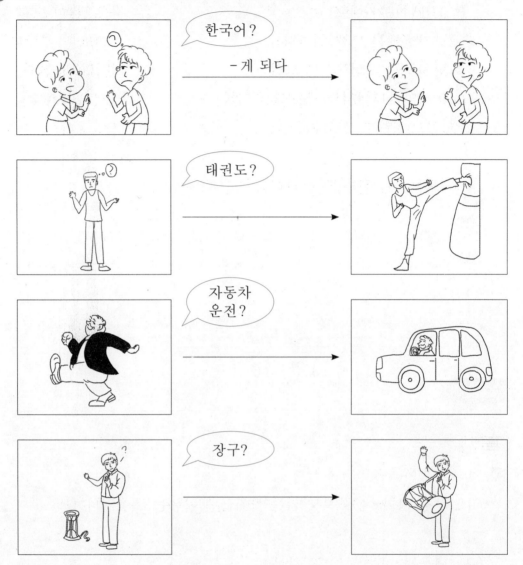

[읽기]

⑤ 다음은 한국 생활에 대한 글입니다. 잘 읽고 질문을 대답하세요.

> 저는 한국에 온 지 이제 6개월이 되었다. 처음에는 한국말도 못하고 아는 사람도 별로 없어서 무척 힘들었다. 그때는 고향에

돌아가고 싶었다. 한국어를 잘하게 되면 일찍 고향에 돌아갈 수 있을 것 같았다. 그래서 저는 열심히 한국어를 공부하기로 했다. 학교 선생님 덕분에 한국어 실력이 예전에 비해 점점 늘었다. 한국어로 자유롭게 이야기할 수 있게 되면서 학교 동아리에 많이 들었다. 스트레스를 풀 수 있을 뿐만 아니라 한국 친구도 많이 만날 수 있었다. 이제 한국 생활에 많이 익숙해져서 즐거워졌다.

(1) 처음 한국에 왔을 때 왜 무척 힘들었습니까?

(2) 아래의 내용이 맞으면○, 틀리면 ×에 표시하세요.
　　① 한국에 온 지 6개월이 되었다.　　　　　　　(　　)
　　② 한국에 오기 전에 한국 친구가 많습니다.　　(　　)
　　③ 동아리에 든 후 한국 친구가 많이 생겼다.　　(　　)
　　④ 이제 한국에서 행복하게 살고 있다.　　　　　(　　)

补充单词

모임【名】聚会	출장【名】出差
참가하다【自】参加	중요하다【形】重要
연기【名】演技	이삿짐센터【名】搬家公司
친절하다【形】亲切,热情	꼼꼼하다【形】仔细,细心
무척【副】特别,非常	

원룸을 구하고 싶어요

과　　　제 : 집 구하기

심화 어휘 : 이사 관련 어휘

문　　　법 : -(이)든지 ; -만큼 ; -기만 하면 되다

질문

존 씨는 어떤 방을 구하고 싶어합니까?

课文 1　♫

중개인 : 어서 오세요.

존 : 안녕하세요. 저는 한성대학교 근처에 원룸을 구하고 싶은데요.

중개인 : 어떤 방을 찾으세요?

존 : 방은 깨끗하면 좋겠어요. 그리고 침대와 옷장 같은 가구가 있는 방이었으면 좋겠어요.

중개인 : 마침 학교 근처에 좋은 원룸이 있어요. 지은 지 얼마 안 돼서 방도 깨끗하고 가구도 전부 새것이에요.

존 : 방은 얼마나 커요?

중개인: 방은 이 사무실만큼 커요.

존:　　　가격은 어느 정도예요?

중개인: 한 달에 55만 원이에요.

课文2　♩

리자:　　안녕하세요. 아저씨, 싸고 깨끗한 하숙집 있어요?

아저씨: 네. 싸고 깨끗한 방이 하나 있어요. 하숙집 아주머니도 친절하고 방
　　　　도 비어 있어요. 언제든지 이사해도 좋아요.

리자:　　방을 직접 보고 싶은데요. 지금 볼 수 있을까요?

아저씨: 그럼요. 지금 같이 가요.

리자:　　하숙비는 한 달에 얼마예요? 보증금도 따로 내야 하나요?

아저씨: 네. 보증금은 300만원이고 한달에 40만원씩 내기만 하면 돼요.

리자:　　보증금이 이렇게 많은데 학숙비가 조금 비싸요.

课文单词

원룸【名】单间	구하다【他】求, 找
가구【名】家具; 家, 户	전부【名】全部, 一切
하숙집【名】寄宿	이사하다【动】搬家
직접【名、副】直接	

✿ 심화 어휘

[집 구하기]

방이 밝다/어둡다	房间明亮/黑暗	방이 넓다/좁다	房间宽敞/狭窄
햇빛이 잘 들다	阳光很足	공기가 잘 통하다	空气流通好
전망이 좋다	远景好		

새로 짓다/지은 지 오래되다	新建/建了很久
짐을 옮기다	搬行李
짐을 싸다/정리하다	打包/整理行李

문법

① -(이)든지

用在"언제, 어디, 무엇, 누구, 어느"等疑问词之后, 表示包括, 相当于汉语的"任何……"。

보기: (1) 너무 시장하니까 무엇이든지 먹읍시다. 很饿, 随便吃点什么吧!

（2）지금은 비가 너무 많이 오니까 어디든지 들어갑시다. 现在雨很大, 随便找个地方去吧!

（3）김장 때문에 일손이 부족하니까 누구든지 오세요. 因为要淹泡菜, 人手不够, 不管是谁都来吧!

（4）시간이 없으니까 어떻게든지 끝냅시다. 没时间了, 不管怎么做快结束吧!

② -만큼

表示与前句提到内容的程度相当。名词后用"-만큼"; 动词后用"-는 만큼"; 形容词后用"-(으)ㄴ 만큼"。

보기: (1) 가: 방이 얼마만큼 커요? 房间多大?

나: 이 사무실만큼 커요. 像这个办公室一样大。

（2）가: 날씨가 많이 덥지요? 天气很热吧?

나: 네. 그렇지만 우리 고향만큼 덥지는 않아요. 是的, 但是没有我家乡热。

（3）먹을 수 있는 만큼 먹어라. 能吃多少吃多少吧!

(4) 사토미 씨는 얼굴이 예쁜 만큼 마음씨도 곱습니다. 里美
心灵像脸蛋一样美丽。

③ - 기만 하면 되다

用于动词词干之后，相当于汉语的"只要……就好了"。

보기: (1) 여행 준비는 다 했으니까 떠나기만 하면 됩니다. 旅行准
备都办好了只剩下出发了。

(2) 컵 라면의 조리법은 간단해서 뜨거운 물을 붓기만 하면 됩
니다. 碗面的做法很简单，只要倒上热水就好了。

(3) 짐이 많지 않아서 김신의 오토바이에 싣고 옮기기만 하면
됩니다. 行李不是很多，只要放在金信的摩托上搬就可以了。

(4) 열심히 노력해서 대학에 합격했습니다. 이제 공부만 열심
히 하기만 하면 됩니다. 努力考上了大学，现在只要努力学
习就可以了。

활동 I

① [보기]에서 선택하여 완성해 보세요.

> [보기]
>
> 무엇이든지 (뭐든지), 누구든지, 언제든지, 어떻게든지, 어디든지

(1) 가: 이 방을 언제부터 사용할 수 있나요?

　　나: 이 방은 비어 있으니까 ＿＿＿＿＿＿ 사용하세요.

(2) 가: 많이 시장하지요?

　　나: 네, 배가 고프니까 ＿＿＿＿＿＿ 먹어요.

(3) 가: 많이 바쁘지요? 빨리 해야 하나요?

　　나: 예, 시간이 없으니까 ＿＿＿＿＿＿ 빨리 합시다.

（4）가: 어디 놀러 갈 수 있어요?

나: 오늘은 시간이 많으니까 _____ 놀러 갑시다.

（5）가: 혼자 하니까 시간이 많이 필요해요.

나: 빨리 끝내야 하니까 _____ 같이 합시다.

② '-기만 하면 되다' 를 사용하여 문장을 완성하세요.

（1）가: 어떻게 하면 감기가 빨리 나을까요?

（따뜻한 물을 많이 마시고 충분히 쉬다）

나: _____.

（2）가: 어떻게 하면 교통사고가 나지 않을까요?

（교통 질서를 잘 지키다）

나: _____.

（3）가: 어떻게 하면 살이 빠질까요?（날마다 운동을 열심히 하다）

나: _____.

（4）가: 어떻게 하면 쓰레기를 줄일 수 있을까요?

（쓰레기 분리 수거를 잘 하다）

나: _____.

（5）가: 어떻게 하면 한국어를 잘 할 수 있을까요?

（한국 친구를 사귀다）

나: _____.

활동 Ⅱ

[듣기]

③ 잘 듣고 질문을 대답하세요. ♩

（1）사토미 씨는 어느 정도 가격의 집을 구하고 싶습니까?

(2) 아저씨가 사토미 씨에게 소개한 하숙집은 학교까지 가깝습니까?

[말하기]

④ 친구는 어떤 곳에서 살고 있습니까? 친구하고 다음 질문에 대해 이야기해 보세요.

지금 어디에서 살고 있어요?	
왜 그곳에서 살게 되었어요?	
지금 살고 있는 집은 어때요?	
어떤 집에서 살았으면 좋겠어요? 왜요?	

[읽기]

⑤ 잘 읽고 질문에 답하세요.

요즘 새 룸메이트를 찾기 위해 고생을 많이 했다. 월세가 너무 비싸서 생활하기 힘들었다. 그래서 내 친구 김신 씨한테 집세 이야기를 했다. 김신 씨는 '새 룸메이트를 찾기만 하면 돼요. 월세를 같이 내면 훨씬 좋을 거예요.'라고 했다. 그리고 룸메이트를 쉽게 찾는 방법도 소개해 주었다. 바로 학교 게시판을 이용하는 것이다. 나는 학교 게시판에 룸메이트를 찾을 광고를 붙인 지 얼마 안 돼서 전화가 왔다. 친구 대신에 전화주셨다. 나는 집이 작은 운동장만큼 크고 보증금이 500만 원이고 한 달에 총 50만 원 내는 것을 알려 주었다. 그는 '좋겠다'라고 하며 곧 이사하기로 했다. 오늘은 정말 기뻤다.

(1) 룸메이트를 어떻게 구했습니까?

　① 인터넷에서

　② 학교 게시판에서

　③ 부동산에서

　④ 친구 소개로

(2) 전화를 한 사람은 누구 대신에 전화했습니까?

(3) 새룸메이트는 월세를 얼마 내기만 하면 됩니까?

补充单词

김장【名】腌泡菜	일손【名】人手
광고【名】广告	조리법【名】烹饪法
월세【名】月租	게시판【名】布告板, 留言板
시장하다【形】饿	저렴하다【形】低廉, 便宜

종합 연습

-군요/구나	-만에	-ㄹ/을 뻔하다
-기 위해서	-나 보다/(으)ㄴ가 보다	-'ㅅ'불규칙
-다가	-ㄹ/을 테니까	-게 되다
-에 비해서	-는데(2)	-뿐만 아니라
-(이)든지	-만큼	-기만 하면 되다

문법

① '-기 위해서'를 이용하고 대화를 완성하세요.

> [보기]
>
> 가: 왜 유학을 가기로 했어요?
>
> 나: 한국을 더 알기 위해서 유학을 가기로 했습니다.

(1) 가: 자동차가 있는데 왜 걸어 다니세요?

　　나: _____.

(2) 가: 왜 어려운 뉴스를 듣고 있어요?

　　나: _____.

（3）가 : 밤늦게까지 집에 불이 켜져 있구나.

나 : _____.

（4）가 : 피곤한데 아르바이트를 해야 돼요?

나 : _____.

② 관계있는 것을 연결하고 문장을 만드세요.

회사에 다닙니다.　　　　나왔어요.

학교에 옵니다.　　　　　커피를 샀어요.

공부를 합니다.　　　　　다리가 아파서 내려왔어요.

동대문에 삽니다.　　　　그만두었어요.

산에 올라갑니다.　　　　회사가 멀어서 명동으로 이사했어요.

영화를 봅니다.　　　　　졸려서 커피를 마셨어요.

보기 : 회사에 다니<u>다가</u> 그만두었어요.

（1）_____ 다가 _____.

（2）_____ 다가 _____.

（3）_____ 다가 _____.

（4）_____ 다가 _____.

（5）_____ 다가 _____.

③ 다음 ＜보기＞에서 알맞은 단어를 골라 (　　) 안에 쓰세요.

[보기]

| 어른 | 배우 | 아버지 | 하늘 | 고기 | 귤 |

보기 : 요즘 채소가 ___고기___ 만큼 비싸요.

（1）아들이 _____ 만큼 잘생겼어요.

(2) 그 아이가 ＿＿＿＿＿＿＿ 만큼 많이 먹어요.

(3) 감자에는 ＿＿＿＿＿＿＿ 만큼 비타민 C가 풍부해요.

(4) 나는 너를 ＿＿＿＿＿＿＿ 만큼 사랑한다.

(5) 그 여자는 ＿＿＿＿＿＿＿ 만큼 피부가 좋아요.

듣기

4 잘 듣고 써 보세요. ♬

이설: 분티안 씨, 탁구를 잘 치네요. 탁구 친 지 얼마나 되었어요?

분티안: (1) ＿＿＿＿＿＿＿＿＿＿＿＿＿.

이설: (2) ＿＿＿＿＿＿＿＿＿＿＿＿＿.

분티안: 아니예요. (3) ＿＿＿＿＿＿＿＿＿＿＿＿.

이설: 얼마 만에 치는 거예요?

분티안: (4) ＿＿＿＿＿＿＿＿＿＿＿＿.

너무 긴장해서 (5) ＿＿＿＿＿＿＿＿＿＿＿＿.

이설: 그래요? 하하. 조심하세요.

5 잘 듣고 질문에 대답하세요. ♬

(1) 환자가 어디가 안 좋습니까?

(2) 위 글의 내용과 <u>다른</u> 것을 고르십시오.　　　　　　(　)

① 환자는 어젯밤부터 소화가 안 됐어요.

② 환자는 내일 다시 올 거예요.

③ 환자는 긴장을 할 때 자주 체해요.

④ 의사는 약도 처방해 드리고 민간요법도 가르쳐 드려요.

6 다음 표를 보고 [보기]와 같이 친구하고 이야기해 보세요.

원룸1	원룸2	원룸3
보증금 500만 원 월세 45만 원	보증금 500만 원 월세50만 원	보증금1000만 원 월세 60만 원
침대,책상,텔레비전, 에어컨	침대,책상,냉장고	침대,책상,에어컨,냉장고
학교 걸어서 20분	학교 걸어서 10분	학교 걸어서 5분
인터넷 사용할 수 있음	인터넷 사용 월 2만 원	인터넷 사용할 수 있음

[보기]

중개인 : 어떤 방을 찾으세요?

학생 : 싸고 깨끗한 방이었으면 좋겠어요.

중개인 : 그럼 이 방은 어때요?

깨끗하고 보증금 500만 원에 월세 45만 원씩을 내기만 하면 돼요.

학생 : 가구나 전자제품은 어떤 게 있어요?

중개인 : 침대, 책상, 텔레비전, 그리고 에어컨이 있어요.

학생 : 교통은 어때요?

중개인 : 20분쯤 걸어가면 학교에 도착할 수 있어요.

학생 : 방이 얼마나 커요?

중개인 : 방은 이 사무실만큼 커요.

학생 : 인터넷을 사용하면 돈을 따로 내야 하나요?

중개인 : 아니에요. 얼마든지 써도 돼요.

학생 : 마음에 들어요. 계약을 합시다.

읽기

7 잘 읽고 질문에 대답하세요.

> 　나는 한국 사람이 좋아서 한국에 왔다. 2년 전에 혼자서 베이징으로 여행을 간 적이 있었는데 그때 재미있는 한국 사람을 한 명 만났다. 이 친구 때문에 나는 한국에 관심을 갖게 되었다. 또는 한국은 다른 나라에 비해서 중국과 가까우니까 나는 한국으로 유학을 가기로 했다.
>
> 　한국에서의 생활은 모든 것이 신기하고 재미있었다. 한국 사람들을 만나는 것, 한국 음식을 먹는 것, 한국 문화를 배우는 것, 모든 것이 새롭고 즐거웠다. 그런데 한국에 온 지 6개월이 지났지만 아직 한국말은 잘 못 해서 조금 답답할 때가 있다. 한국말을 더 잘 알아듣고, 하고 싶은 말도 더 잘 할 수 있게 되었으면 좋겠다. 그렇게 하면 한국을 더 잘 이해할 수 있기 때문이다. 그래서 이제부터는 노는 것보다 한국어 공부를 더 열심히 하겠다.

(1) 왜 한국으로 유학을 가기로 했습니까?

(2) 위 글의 내용과 같은 것을 고르십시오. (　　　)

　① 한국을 여행하려고 한국에 왔다.

　② 한국에 온 지 여섯 달이 지났다.

　③ 한국 친구가 없어서 많이 외롭다.

　④ 지금 일을 하면서 공부하기 때문에 답답하다.

⑧ 여러분의 한국 생활을 소개하는 글을 써 보세요.

> ▶ 언제 한국에…
> ▶ 왜 한국에…
> ▶ 한국 생활은…
> ▶ 앞으로 한국에서…

补充单词

비타민【名】维他命, 维生素

손바닥【名】手掌

밤늦다【形】夜深

그만두다【他】放下, 放弃

따로【副】分开, 单独, 各自

소화【名】消化

에어컨【名】空调

신기하다【形】新奇, 神奇

늘리다【他】加大, 扩大

듣기 대본

3. 리자: 왕영 씨, 생일 축하해요. 이건 선물이에요.

   왕영: 어, 제 생일을 알고 있었어요? 정말 고맙습니다. 와, 아주 예쁜 모자군요.

   리자: 마음에 들어요? 한번 써 보세요.

   왕영: 네. 마음에 들어요. 색깔도 좋아요.

4.   이 사람은 제가 가장 친한 친구 사토미입니다. 사토미 씨는 일본에서 왔습니다. 오늘 사토미 씨는 짧은 치마를 입고 파란색 모자를 쓰고 있습니다. 아주 귀엽습니다. 우리가 지난 학기에 같은 반에서 공부해서 친해졌습니다. 사토미 씨는 가끔 일본어를 가르쳐 줍니다. 우리가 같이 공부하는 동안 아주 재미있었습니다. 앞으로도 사토미 씨와 잘 지내고 싶습니다.

제2과

3. 분티안: 사토미 씨, 아까 본 영화가 어땠어요?

   사토미: 화면과 음악이 좋아요. 그런데 자막이 없어서 좀 이해하기 어려웠어요.

   분티안: 그 영화는 영화제에서 상을 받은 유명한 영화예요.

   사토미: 그래요? 아까 그 예쁜 여배우 이름이 뭐예요?

   분티안: 여자 주인공요? 한유진이에요.

   사토미: 한유진이 너무 예뻐요. 분티안 씨가 한국 여배우 중에서 누구를

제일 좋아해요?

분티안: 저요? 저는 좋아하는 여배우 없는데요. 제가 보기에는 사토미 씨가 여자 배우보다 더 예뻐요.

사토미: 고마워요.

4. 한국 사람들은 숫자 '3'을 아주 좋아합니다. 옛날부터 생활에서 '3'을 사용하는 일이 많았습니다. 한국에서 게임을 할 때 한 번만 하지 않고 보통 세 번을 합니다. 그래서 '가위바위보'를 할 때도 보통 세 번 합니다. 그런데 중국 사람들은 숫자 '6'과 숫자 '8'을 좋아합니다. 숫자 '6'은 할 일이 제대로 되는 것을 뜻합니다. 그리고 숫자 '8'을 사용하면 돈을 많이 벌수 있다고 생각합니다.

제3과

3. 왕영: 분티안 씨는 어릴 때 꿈이 뭐였어요?

분티안: 저는 어릴 때는 훌륭한 의사가 되고 싶었어요.

왕영: 그런데 왜 의대에 가지 않고 교육 학과에 왔어요?

분티안: 그 동안 꿈이 바뀌었으니까요. 한동안은 과학자도 되고 싶었어요.

왕영: 그럼 지금은 뭐가 되고 싶어요?

분티안: 지금은 언어를 좋아해서 선생님이 되고 싶어요. 왕영 씨는요?

왕영: 저는 중학교에 다닐 때 <통역관>이라는 드라마를 봤어요. 그 때부터 통역사가 되는 것은 제 꿈이에요.

분티안: 통역사요? 통역사가 되고 싶으면 여러 나라의 말을 할 줄 알아야 되지요?

왕영: 아니예요. 두 나라 말을 알면 되는데요. 그리고 두 나라의 문화도 잘 알아야 돼요.

4. 리자: 분티안 씨, 내일 혜진 씨 생일 파티에 갈 거예요?

분티안: 네, 초대를 받았는데 생일 선물을 뭘 살까요?

리자: 생일이니까 제가 케이크를 사고 분티안 씨는 꽃을 사면 어떨까요?

분티안: 혜진 씨는 꽃을 별로 좋아하지 않았는데요. 저는 다른 선물을 사는 게 어때요?

리자: 그럼 무슨 선물이 좋을까요? 혜진 씨는 취미가 무엇인지 아세요?

분티안: 아, 생각 나요. 혜진 씨는 요리에 관심이 많으니까 요리책을 선물합시다.

리자: 좋은 생각이에요. 그럼 일단 서점에 가고 그 다음에 빵집에 갈까요?

붙디안: 네, 그럽시다.

제4과

4. 사토미: 리자 씨, 수영관에 갔다왔어요?

리자: 네. 사토미 씨가 어떻게 알아요?

사토미: 아까 이설 씨를 만났어요. 이설 씨에게서 들었어요.

리자: 그렇구나.

사토미: 저도 수영을 하고 싶어요. 그런데 할 줄 몰라요. 리자 씨는 저를 가르쳐 줄 수 있어요?

리자: 당연하지요. 그런데 사토미 씨는 수영복 있어요?

사토미: 네, 있어요. 지난 생일에 수영복을 선물로 받았어요.

리자: 그럼 다음에 저랑 같이 갑시다. 제가 가르쳐 줄게요.

5. 어제는 제 생일이었습니다. 한국에 온 후 처음 지낸 생일이었습니다. 친구들에게서 여러 선물을 받았습니다. 그 중에서 제일 좋아하는 선물은 왕영 씨가 준 수영복입니다. 저는 수영을 너무 배우고 싶지만 수영을 할 줄 모릅니다. 수영 동아리를 지원하지만 수영복이 아직 없습니다. 그래서 왕영 씨의 선물은 너무 마음에 들었습니다. 다른 친구들도 좋은 선물을 많이 주었습니다. 제가 너무 감사하고 감동합니다. 이번 생일에 부모님께서 제 곁에 안 계시지만 좋은 친구가 이렇게 많아서 정말 기쁩니다.

4. 이설: 혜진 씨는 시간이 있을 때 보통 뭘 해요?

   혜진: 저는 시간이 있을 때 영화를 보거나 그림을 그려요.

   이설: 정말요? 저도 영화를 보는 것을 좋아해요. 이설 씨는 어떤 영화를 좋아해요?

   혜진: 영화 중에서 코미디 영화, 멜로 영화, 공포 영화를 제일 좋아해요. 이설 씨는요?

   이설: 저는 혜진 씨랑 달리 액션 영화를 제일 좋아해요. 그리고 멜로 영화도 좋아요.

   혜진: 그래요? 그럼 다음에 기회가 있으면 우리가 좋아하는 멜로 영화를 같이 보러 갑시다.

5. 남자: 왕영 씨, 안녕하세요. 오랜만이에요.

   여자: 안녕하세요. 존 씨, 정말 오랜만이에요. 방학 동안 잘 지냈어요?

   남자: 네, 덕분에 잘 지냈어요. 왕영 씨도 잘 지냈지요?

   여자: 네, 그런데 존 씨는 얼굴이 많이 탔네요. 어디 놀러 갔어요?

   남자: 저는 부산에 여행을 갔다 왔어요.

   여자: 와! 좋겠다! 전 아직도 부산에 안 가 봤어요. 부산은 어때요?

   남자: 경치도 아름답고 맛있는 해물요리도 많아서 너무 좋아요.

   여자: 정말 부럽다! 아참, 부산에서 생선회를 먹어 봤어요?

   남자: 아니요. 해물요리를 많이 먹어 봤는데 생선회를 못 먹어 봤어요.

   여자: 아, 그럼 다음에 가면 꼭 한번 먹어 보세요.

3. 김신: 무한 씨, 어떤 여자를 좋아하세요?

   무한: 저는 착하고 웃을 때 보조개가 있는 여자를 좋아해요. 김신 씨는요?

   김신: 저는 성격이 활발하고 노래를 잘 하는 여자를 좋아해요.

왜냐하면 제 여자 친구가 그런 편이기 때문이에요.

무한: 아, 그래요? 김신 씨랑 잘 어울리는 것 같아요.

그런데 김신 씨와 여자 친구는 어떻게 만나게 되었어요?

김신: 우리는 고등학교 때 친구예요.

무한: 어머, 그럼 두 분은 고등학교 때부터 연애하게 되었어요?

김신: 아니에요. 그 때는 그냥 친구였어요. 대학교 2학년 때 어느 날에 갑자기 학교 앞에서 만나게 돼서 연락처를 주고 받았어요. 제 여자 친구가 외향적인 성격이라서 금방 친해진 것 같아요.

무한: 김신 씨 얘기를 들으니까 정말 부럽네요! 저도 빨리 여자 친구를 사귀고 싶어요.

4. 분티안: 아침에 학교에 올 때 사토미 씨랑 닮은 사람을 봤어요.

사토미: 정말요? 그 사람은 어떻게 생겼어요?

분티안: 사토미 씨처럼 머리가 짧고 옷도 예쁘게 입어서 아주 비슷했어요.

사토미: 그럼 정말 예쁘겠어요. 하하, 농담이에요.

분티안: 아니에요. 정말 예쁜데요.

사토미: 한국에 저와 닮은 사람이 많은 것 같아요. 한국에 와서 그 이야기를 많이 들었어요.

제7과

3. 어제 같은 하숙집에 사는 리자 씨의 생일이었기 때문에 친구들과 모여서 파티를 했습니다. 파티를 하기 전에 이설 씨와 사토미 씨는 청소를 하고 왕영 씨와 저는 요리를 했습니다. 그리고 혜진 씨와 분티안 씨는 백화점에 가서 선물을 가지고 왔습니다. 저는 지금까지 요리를 해 본 적이 없었습니다. 그런데 왕영 씨가 요리를 잘 하기 때문에 그냥 옆에서 도와 줬습니다. 우리는 리자 씨가 좋아하는 볶음밥과 잡채를 만들었습니다. 그리고 저는 부대찌개도 끓였습니다. 저는 부대찌개를 처음 끓여 봤는데 생각보다 쉬웠습니다. 우리는 저녁 6시에 같이 모여서 식사를 하고 재미있게 놀았습니다.

3. 죤:　　저, 이 카메라는 얼마예요?

　　직원:　이 하얀 카메라 말이에요?

　　죤:　　아니요, 하얀색 옆에 있는 까만색 말이에요.

　　직원:　이거요? 이건 69만 원이에요. 한 번 보세요.

　　죤:　　이것은 이번 달에 나온 신제품인가요?

　　직원:　아니에요. 이건 신제품이 아니지만 인기제품이에요.

　　　　　스타일도 멋있고 실용성도 높아요.

　　죤:　　정말 멋있고 좋네요. 그럼 이걸로 주세요.

　　직원:　네, 잠시만 기다려 주세요.

　　　　　카메라를 사용하기 전에 설명서를 잘 읽어 보세요.

　　죤:　　네, 알겠습니다.

3. 사토미:　왕영 씨, 내일 휴일인데 뭐 할 거예요?

　　왕영:　　친구랑 에버랜드에 가기로 했어요.

　　사토미:　내일 눈이 많이 올 것 같은데, 괜찮겠어요?

　　왕영:　　시간이 내일밖에 없으니까 안 좋아도 가야 해요.

　　사토미:　눈이 많이 오면 가지 마세요. 위험해요. 롯데월드 어때요?

　　왕영:　　롯데월드도 좋아요. 실내에 있어서 춥지 않을 거예요.

4. 왕영:　혜진 씨가 어떤 남자를 좋아해요?

　　혜진:　저는 영화 배우처럼 멋있게 생긴 남자를 좋아해요. 왕영 씨는요?

　　왕영:　저도 멋있는 남자를 좋아해요. 하지만 그런 남자보다 똑똑하고

　　　　　착한 남자를 더 좋아해요. 무엇보다 마음이 제일 중요하기 때문

　　　　　이에요.

혜진: 아, 그래요? 제 남동생이 바로 그런 남자예요.

얼음처럼 차갑게 생겼지만 정말 마음이 따뜻한 사람이에요. 그리고 공부도 되게 잘해요.

왕영: 정말요? 그럼 혜진 씨 남동생이 혜진 씨와 닮았어요?

혜진: 아니요. 별로 닮지 않았어요. 어때요? 소개해 줄까요?

5. 며칠 전에 친구와 부산에 갔어요. 부산에는 가족들과 간 적도 있고 학교에서 수학여행으로 간 적도 있어요. 그렇지만 친구하고만 간 것은 처음이었어요. 가기 전에 먼저 계획부터 잘 세워야 했어요. 교통편, 호텔, 식사 같은 것을 모두 직접 알아봐야 했어요. 이런 것들을 해 본 적이 없었기 때문에 좀 힘들었지만 우리는 어른이 된 것 같았어요. 친구하고만 그런 여행을 한 것은 저에게 정말 잊을 수 없는 좋은 추억이에요. 그래서 그 여행은 저에게 가장 인상적인 여행이었어요.

제11과

3. 수정: 무한 씨. 여기예요.

무한: 아, 수정 씨, 30분이나 늦어서 정말 미안해요.

수정: 괜찮아요. 주말이어서 길이 얼마나 복잡한지 몰라요.

무한: 수정 씨, 이 친구는 미국에서 온 다윗인데 다음달부터 우리 회사에서 일하게 됐어요. 이 친구와 만나서 같이 오느라고 늦었어요.

수정: 네. 만나서 반갑습니다.

다윗: 만나서 반갑습니다. 사진보다 훨씬 더 미인이시네요.

수정: 감사합니다. 그런데 다윗 씨는 한국어를 아주 잘하시네요.

다윗: 아니에요. 무한 씨는 저보다 더 잘해요.

제12과

4. 무한: 오래만이네요. 그동안 잘 지내셨어요?

김신: 네, 취직 시험 준비하느라고 연락하지 못했어요.

무한: 그래요? 아주 피곤하겠군요. 시험 끝나면 뭘 하고 싶어요?

김신: 대학로에서 하는 사진 전시회에 가고 싶어요.

무한: 유명한 사진작가의 전시회예요?

김신: 네, 그 작가 사진 정말 볼 만해요.

무한: 그런데 김신 씨는 사진 찍는 것을 좋아하세요?

김신: 네, 좋아하는 편이에요.

제13과

3. 분티안: 안녕하세요? 왕영 씨, 잘 지냈어요?

왕영: 네, 날씨가 점점 더워지는 것 같아요.

분티안: 고향에 있을 때는 여름을 너무 싫어했는데 이제는 겨울보다 여름이 좋아졌어요. 작년 겨울에 너무 추웠거든요.

왕영: 맞아요. 분티안 씨, 지난 겨울에 눈이 많이 왔을 때 생각나요? 길이 너무 미끄러워서 학교에 오는 길에 분티안 씨가 넘어져서 다리를 다쳤지요?

분티안: 네, 우리 학교는 경사가 심해서 겨울에 위험해요.

제14과

3. 존: 김신 씨, 한국에서 술을 마실 때 왜 고개를 돌리고 마셔요?

김신: 한국에서는 어른과 술을 마실 때는 그렇게 해요.

존: 그렇군요. 영국은 상대방과 마주 보며 마셔요.

김신: 나라마다 음식을 먹거나 마실 때의 예절이 조금씩 다르지요. 그리고 한국에서는 어른이 먼저 음식을 드시거나 술을 마시기 전에는 먹거나 마시지 않아요.

존: 어른보다 먼저 먹으면 안 돼요? 저는 몰랐어요. 실수를 했군요.

김신: 괜찮아요. 다음부터 그렇게 하세요.

제15과

4. 미용사: 어서 오세요. 어떻게 해 드릴까요?

손님: 머리를 좀 자르고 싶은데요. 앞머리는 길어서 짧게 잘랐으면 좋겠어요.

그리고 옆머리하고 뒷머리도 깔끔해 보이게 조금만 다듬어 주세요.

미용사: 네, 그럼 앞머리는 짧게 잘라 드리고 옆머리하고 뒷머리는 조금만 다듬어 드리면 되겠네요. 손님, 요즘 밤색으로 염색하는 것이 유행이에요. 손님은 얼굴이 하얘서 밤색은 잘 어울릴 거예요.

손님: 네, 그럼 밤색으로 염색을 해 주세요.

미용사: 손님. 짙은 밤색으로 하는 게 어떠세요? 며칠이 지나면 자연스러워질 거니까요.

손님: 네. 그럼 짙은 밤색으로 염색을 해 주세요.

5. 리자: 이설 씨, 피곤해 보이는데 왜 그래요?

이설: 어제 밤에 한국어능력시험에 떨어질까 봐 걱정을 많이 하느라고 잠을 못 잤어요. 오늘 오후에 그 결과가 나오거든요.

리자: 걱정하지 마세요. 꼭 합격할 거예요. 참, 결과가 오후 3시에 나오지요?

이설: 네, 너무 긴장해서 아침도 못 먹었어요.

리자: 그래요? 아침부터는 계속 컴퓨터 앞에 앉아 있어요? 자, 밥을 먹고 나서 컴퓨터실로 다시 오세요.

이설: 고마워요. 리자 씨. 예나 지금이나 이렇게 격려해 줘서 정말 고마워요. 리자 씨 덕분에 좋은 결과가 있을 거예요.

제16과

3. 존: 여기가 출입국 관리 사무소인가요?

직원: 네, 그런데요. 어떻게 오셨어요?

존: 비자 기간을 연장하러 왔어요.

직원: 그럼 여권, 학교 등록금 영수증, 재학증명서, 예금 증명서를 좀

보여 주세요.

존: 네, 여기 있습니다.

직원: 어? 비자 기한이 다 됐군요. 오늘은 딱 만기일이에요. 하루만 더 늦게 왔으면 큰일날 뻔했어요. 앞으로 좀 더 일찍 와야 돼요.

존: 네, 알겠어요. 감사합니다.

제17과

4. 의사: 어떻게 오셨습니까?

분티안: 배가 아파서 왔어요. 어젯밤부터 계속 배가 아프고 설사를 했어요.

의사: 그래요? 어제 뭘 먹었지요?

분티안: 어제 운동을 하고 나서 아이스크림을 좀 많이 먹었어요.

의사: 갑자기 찬 음식을 많이 먹어서 배탈인가 봐요.
어디 좀 봅시다. 아이고, 속이 많이 안 좋네요!

분티안: 어떻게 해야 돼요?

의사: 주사를 맞고 이틀 동안 약을 좀 먹어 보세요. 그 후에도 안 나으면 다시 오세요.

제18과

3. 김신: 이사 잘 했어요?

무한: 네, 김신 씨가 좋은 이삿짐센터를 알려 준 덕분에 잘 했어요. 그동안 아무리 찾아도 마음에 드는 곳이 없었는데 김신 씨가 알려 준 곳은 정말 좋았어요. 이삿짐센터 직원 분들이 친절하시고 꼼꼼하게 일을 해 주셨거든요. 좋은 곳을 알려 줘서 고마워요.

김신: 제가 이사할 때마다 이용하는 곳인데 마음에 들어서 다행이에요. 정리는 다 했어요?

무한: 네. 제 짐이 적을 뿐만 아니라 이삿짐센터 분들이 정리를 잘 해 주고 가서서 빨리 끝났어요.

3. 사토미 : 집을 구하려고 하는데요.

아저씨 : 어떤 집을 구하고 있어요?

사토미 : 하숙집을 찾고 있는데 방이 있나요?

아저씨 : 그럼 어느 정도 가격을 원하십니까?

사토미 : 학생이라서 좀 저렴했으면 좋겠는데요. 한 달에 35만 원 정도면 돼요.

아저씨 : 빈 방이 하나 있는데 언제든지 이사해도 괜찮아요.

　　　　　학교에서 조금 멀지만 마을버스를 타기만 하면 돼요.

사토미 : 그럼 한번 보여 주세요.

4. 이설 : 　분티안 씨, 탁구를 잘 치네요. 탁구 친 지 얼마나 되었어요?

분티안 : 탁구 친 지 15년이 되었어요.

이설 : 　오래돼서 이렇게 잘 치는군요.

분티안 : 아니에요. 오래만에 쳐서 잘 못 치겠어요.

이설 : 　얼마 만에 치는 거예요?

분티안 : 5년 만에 치는 거예요. 너무 긴장해서 넘어질 뻔했어요.

이설 : 　그래요? 하하. 조심하세요.

5. 의사 : 어디가 안 좋으세요?

환자 : 소화가 안 돼서 아무 것도 못 하겠어요.

의사 : 언제부터 아프셨어요?

환자 : 어젯밤부터 그랬는데 점점 심해지는 것 같아요.

의사 : 어디 좀 봅시다. 체했나 봐요. 소화제를 처방해 드릴 테니까 이따 가 드세요. 내일 나아질 거예요. 안 나으면 다시 오세요.

환자 : 네, 알겠습니다. 근데 제가 이럴 때가 많아요. 특히 걱정이 있거나 뭔가 해야 할 일이 있으면 잘 체하는데 어떡해요? 자주 약 먹는

것도 싫은데요.

의사: 민간요법은 하나 있는데요. 이렇게 체했을 때는 따뜻한 물을 많이 마시고 손바닥 가운데를 계속 눌러 주세요. 한 번 해 보세요. 금방 소화가 될 거예요.

......

환자: 와! 신기해요! 너무 감사합니다.

정답

제1과

질문

1. 친구도 만나고 맛있는 음식도 많이 먹었어요.
2. 아니요, 분티안 씨가 전에는 이탈리아에 안 가 봤습니다.

활동 I

1. (1) 키가 큰 남자, 키가 작은 남자
   (2) 따뜻한 커피, 차가운 주스
   (3) 긴 바지, 짧은 바지
   (4) 추운 겨울, 더운 여름
   (5) 뚱뚱한 여자, 날씬한 여자
2. (1) 왕영 씨는 요리를 잘 하는데 이설 씨는 요리를 못 합니다.
   (2) 저는 스테이크를 좋아하는데 해물을 좋아하지 않습니다.
   (3) 어제 날씨가 너무 더운데 오늘은 좀 쌀쌀합니다.
   (4) 주말에 제주도에 갔는데 한라산에 가지 않았습니다.
   (5) 언니는 노래를 잘 부르는데 저는 노래를 잘 못 합니다.

활동 II

3. (1) 알고 있었어요
   (2) 예쁜

（3）써 보세요

4.（1）③

（2）지난 학기에 같은 반에서 공부해서 친해졌습니다.

6.（1）방학 동안 제주도에 여행했습니다.

（2）제주도에서 제일 유명한 음식이 흑돼지입니다.

（3）아니요, 제주도에서 갈치조림을 먹어 봤는데 흑돼지를 못 먹어 봤습니다.

제2과

질문

1. 왕영 씨는 중국 음식 중에서 탕수육, 만두, 자장면을 잘 만듭니다.

2. 사토미 씨는 무서운 영화를 좋아해요.

활동 I

1.（1）산　　（2）시작하는　　（3）준　　（4）기다리는　　（5）탈

2.（1）혼자 이사할 때 제일 힘들어요.

（2）집에서 쉬고 있을 때 전화가 왔어요.

（3）버스를 타고 와요.

（4）밤에 배가 고플 때 라면을 먹어요.

（5）심심할 때 소설책을 읽어요.

활동 II

3.（1）네, 그 영화는 영화제에서 상을 받았습니다.

（2）여배우의 이름은 한유진입니다.

（3）아니요, 분티안 씨는 좋아하는 여배우가 없습니다.

4.（1）한국 사람들은 숫자 '3'을 좋아합니다.

（2）아닙니다. 보통 세 번을 합니다.

6.（1）②

（2）처음에는 못 먹는 음식이 많았고 수업할 때 못 알아듣는 말도 많아서 힘들었습니다.

（3）스미스 씨가 요즘 좋아하는 음식은 비빔밥과 돈까스입니다.

（4）처음 배웠을 때는 좀 어려운데 점점 좋아졌습니다.

제3과

질문

1. 왕영 씨가 피아노를 배운 지 15년이 되었습니다.

2. 아니요, 김신 씨는 테니스를 잘 칠 줄 모르는데 요즘에는 배우고 있습니다.

활동 I

1. （1）한국어를 공부한 지 4개월이 되었어요.

（2）아침을 먹은 지 5시간이 되었어요.

（3）혜진 씨가 집에서 나간 지 3시간이 되었어요.

（4）이 컴퓨터를 산 지 일주일이 되었어요.

（5）고등학교를 졸업한 지 2년이 되었어요.

2. （1）왕영 씨가 노래에 관심이 많으니까 음악 CD를 선물합시다.

（2）요리를 제가 했으니까 청소를 좀 도와 주세요.

（3）시간이 없으니까 택시를 타고 가세요.

（4）비가 오니까 창문을 좀 닫아 주세요.

（5）여기는 박물관이니까 사진을 찍지 마세요.

활동 II

3. （1）③

（2）통역사가 되고 싶으면 두 나라 말을 할 줄 알아야 됩니다.

4. （1）리자 씨가 케이크를 살 거예요.

（2）혜진 씨는 요리에 관심이 많으니까 요리책을 선물합니다.

6. (1) ③　　(2) ②

제4과

질문

1. 네, 분티안 씨는 매일 운동을 해요.

2. 사토미 씨는 방학 동안 집에서 맛있는 것을 많이 먹어서 살이 쪘어요.

활동 I

1. (2) 존 씨에게서 (한테서) 지갑을 받았어요.

　(3) 이설 씨에게서 (한테서) 케이크를 받았어요.

　(4) 리자 씨에게서 (한테서) 모자를 받았어요.

　(5) 분티안 씨에게서 (한테서) 꽃을 받았어요.

2. (1) 걸어서　　(2) 들었어요　　(3) 닫으세요

　(4) 물어　　(5) 깨달았어요

3. (1) 자전거를 탈 수 있지만 자동차를 운전할 수 없어요.

　(2) 탁구를 칠 수 있지만 테니스를 할 수 없어요.

　(3) 노래는 할 수 있지만 춤을 출 수 없어요.

　(4) 소고기를 먹을 수 있지만 돼지고기를 먹을 수 없어요.

활동 II

4. (1) 이설 씨에게서 들었습니다.

　(2) 네, 리자 씨는 사토미 씨에게 수영을 가르칠 수 있습니다.

5. ③

7. (1) 저는 어릴 때 건강이 좋지 않아서 아버지께서 탁구를 가르쳐 줬습니다.

　(2) ③

제5과

1. (1) 좋은 책을 읽었어요.

（2）집에서 먼 학교에 다녀요.

（3）재미있는 영화를 봤어요.

（4）커피를 마시는 사람은 류민호예요.

（5）술을 마시지 않는 사람이 누구예요?

（6）중국에서 온 이설이에요.

（7）친구가 만든 비빔밥을 먹었어요.

（8）점심에 먹을 음식이 없어요?

（9）방학에 제주도에 갈 사람은 존 씨 맞지요?

（10）제가 도울 일이 없어요?

2.（1）걸어서

（2）물었어요.

（3）받았어요.

（4）믿어요.

（5）싫으세요.

3.（1）○

（2）×

（3）×

（4）○

（5）○

4.（1）시간이 있을 때 보통 뭘 해요?

（2）영화를 보거나 그림을 그려요.

（3）어떤 영화를 좋아해요?

（4）영화 중에서 코미디 영화, 멜로 영화, 공포 영화를

（5）혜진 씨랑 달리

（6）우리가 좋아하는 멜로 영화를 같이 보러 갑시다.

5.（1）부산에 여행을 갔다 왔어요.

（2）×　×　○

7. (1) 살을 빼려고 운동을 시작했습니다.

(2) ①

제6과

질문

1. 성격이 활발하고 운동을 잘 하는 남자입니다.

2. 언니가 어머니를 닮고, 왕영 씨는 아버지를 닮은 것 같습니다.

활동 I

1. (1) 잘 먹는 편이에요.

(2) 자주 보는 편이에요.

(3) 열심히 공부하는 편이에요.

(4) 크고 깨끗한 편이에요.

(5) 키가 큰 편이에요.

2. (1) 비가 오는 것 같아요.

(2) 재미없는 것 같아요.

(3) 많이 마신 것 같아요.

(4) 날씨가 맑을 것 같아요.

(5) 화가인 것 같아요.

활동 II

3. (1) ③

(2) 두 분은 고등학교 친구입니다. 대학교 때 다시 만나게 돼서 친해졌
습니다.

4. (1) 아니요, 분티안 씨는 아침에 사토미를 만나지 않았습니다.

(2) 머리가 짧고 옷도 예쁘게 입었습니다.

7. (1) 오랫동안 사귄 친구니까 꼭 가서 축하해 주고 싶었습니다.

(2) ①

제7과

질문

1. 이설 씨는 2년 전부터 한국어를 공부하기 시작했어요.
2. 민호 씨는 상하이에 가 본 적이 없어요.

활동Ⅰ

1. (1) 길을 모르기 때문에 늦었어요.

   (2) 교통 사고가 났기 때문에 지각했어요.

   (3) 비가 왔기 때문에 택시를 탔어요.

   (4) 배가 아프기 때문에 안 먹어요.

   (5) 부모님을 보고 싶기 때문에 울었어요.

2. (1) 아침 식사를 하셨나요?

   (2) 그 영화가 재미있나요?

   (3) 그 여자가 예쁜가요?

   (4) 시험이 어려운가요?

   (5) 이 분이 결혼하실 분인가요?

활동Ⅱ

3. (1) ④

   (2) 우리는 볶음밥, 잡채 그리고 부대찌개를 만들었습니다.

5. (1) ①

   (2) 아닙니다. 혜진 씨는 프랑스에 가 본 적이 없습니다.

   (3) ○ × ×

제8과

질문

1. 샴푸하고 린스을 사려고 합니다. 그리고 과일도 좀 사려고 합니다.

2. 왕영 씨는 하얀색 전자 사전을 원합니다.

활동 I

1. (1) 한국어를 잘 하려면 열심히 공부하세요.

(2) 그녀와 사귀려면 먼저 노래를 잘 해야 돼요.

(3) 벚꽃을 보려면 여의도에 가세요.

(4) 경복궁에 가려면 지하철 3호선을 타세요.

(5) 소포를 보내려면 우체국에 가야 돼요.

2. (1) 김밥밖에 안 먹었어요.

(2) 50만 원밖에 안 써요.

(3) 5시간밖에 못 잤어요.

(4) 2명밖에 없어요.

(5) 20분밖에 안 걸려요.

활동 II

3. (1) × ○ ○

(2) 스타일도 멋있고 실용성도 높아서 인기제품입니다.

(3) 카메라를 사용하기 전에 설명서를 잘 읽어야 합니다.

5. (1) ③　　　(2) ②　　　(3) ③

제9과

질문

1. 먼저 집 안에서는 신발을 신지 마세요. 그리고 어른보다 먼저 먹지 마세요.

2. 안 됩니다. 시끄러우니까 데리고 오지 마세요.

활동 I

1. (1) 도서관에 가서 한국어를 공부하기로 했어요,

(2) 가족들과 같이 등산을 하기로 했어요.

(3) 아니요. 도움이와 같이 도서관에 가기로 했어요.

(4) 내일 고향에 가기로 했어요.

(5) 토요일에 반 친구의 생일파티에 가기로 했어요.

2. (1) 공공장소에서 담배를 피우지 마세요.

(2) 도서관에서 이야기하지 마세요.

(3) 길에 휴지를 버리지 마세요.

(4) 박물관에서 사진을 찍지 마세요.

(5) 지하철 문에 기대지 마세요.

활동Ⅱ

3. (1) 왕영 씨는 원래 에버랜드에 가기로 했습니다.

(2) 롯데월드는 실내에 있어서 춥지 않기 때문입니다.

6. (1) 김신 씨의 조카의 한 살 생일에 가려고 합니다.

(2) ②

(3) 분티안 씨는 옷이나 장난감을 선물하고 싶습니다.

제10과

1. (1) 이 파란 컵 말인가요?

(2) 오늘 날씨가 더운가요?

(3) 이 운동화 어떤가요?

(4) 상하이에 가 본 적이 있나요?

(5) 여행을 가기 전에 무엇을 준비해야 하나요?

(6) 비빔밥에는 무엇을 넣나요?

(7) 언제 한국어를 공부하기 시작했나요?

(8) 내일 부산으로 가실 건가요?

2. (1) 파래요

(2) 하야니까

（3）놓으면

（4）그런

（5）어떻습니까?

3. （1）예능 프로그램을 보지 맙시다.

（2）창문을 열어 주지 마세요.

（3）음식을 만들어 주지 마세요.

（4）영화를 보지 마세요.

4. （1）어떤 남자를 좋아해요?

（2）영화 배우처럼 멋있게 생긴 남자를 좋아해요.

（3）마음이 제일 중요하기 때문이에요.

（4）얼음처럼 차갑게 생겼지만 정말 마음이 따뜻한 사람이에요.

（5）별로 닮지 않았어요.

5. （1）처음으로 친구하고만 갔기 때문이에요.

（2）○　×　○

7. （1）새 집이기 때문에 방이 아주 깨끗해 보이고 가구도 튼튼해 보여서 좋습니다. 방이 아주 넓고 집세도 싼 편입니다. 그리고 복도 끝에 있어서 조용할 것 같습니다.

（2）②

제11과

질문

1. 머리가 길어서 더워 보이니까 짧게 자르고 싶습니다. 앞머리는 짧게 자르고 옆머리는 조금만 다듬고 싶습니다.

2. 오늘 미용실에 가려고 합니다. 시험 공부 때문에 머리를 못 잘랐습니다.

활동I

1.（1）결혼했으면 좋겠어요. / 결혼하면 좋겠어요.

（2）돈이 많았으면 좋겠어요. / 돈이 많으면 좋겠어요.

（3）드라이브했으면 좋겠어요. / 드라이브하면 좋겠어요.

（4）교회에 갔으면 좋겠어요. / 교회에 가면 좋겠어요.

（5）시험이 쉬웠으면 좋겠어요. / 시험이 쉬우면 좋겠어요.

2.（1）텔레비전을 보느라고 숙제를 못 했습니다.

（2）책을 보느라고 지하철에서 못 내립니다.

（3）게임을 하느라고 밥을 못 먹었습니다.

（4）아르바이트를 하느라고 학교에 못 갔어요.

（5）어제 술에 취하느라고 친구를 못 만났어요.

활동Ⅱ

3.（1）③　　　（2）④

5.（1）③　　　（2）②

제12과

질문

1. 속초와 설악산이 가 볼 만합니다.

2. 남원에 도착하자마자 사진을 찍으면서 구경했습니다.

활동Ⅰ

1.（1）색깔이 예뻐서 입을 만해요.

（2）쉬워서 어린 아이도 읽을 만해요.

（3）깨끗해서 살 만해요.

（4）먹을 만해요.

（5）들을 만해요.

2.（1）돌아가자마자

（2）끝나자마자

（3）내리자마자

（4）사자마자

(5) 보자마자

3. (1) 저는 박수를 치면서 소리를 질러요.

(2) 저는 음악을 들으면서 청소를 해요.

(3) 화가 난 이유를 생각하면서 일기를 써요.

(4) 술을 마시면서 친구한테 전화를 해요.

활동II

4. (1) 김신 씨는 취직 시험 준비하고 있었습니다.

(2) 대학로에서 하는 사진 전시회에 가고 싶습니다.

6. (1) 파리 시내를 구경하고 샹제리제 거리에 갔다. 그리고 프랑스 화가
와 같이 사진도 찍었습니다.

(2) ②

제13과

질문

1. 더울 때 샤워을 하고 나서 수박을 먹어요.
2. 어제 이사 준비하느라고 잠을 못 잤습니다.

활동I

1. (2) 배가 아플까 봐 차가운 음식을 안 먹었어요.

(3) 시험을 못 볼까 봐 걱정이에요.

(4) 눈이 와서 넘어질까 봐 운동화를 신었어요.

(5) 부모님께 혼이 날까 봐 거짓말을 한 적이 없었어요.

2. (1) 결혼하고 나서 아이가 태어났습니다.

(2) 버스를 타고 나서 돈을 냅니다.

(3) 술을 마시고 나서 노래방에 갔습니다.

(4) 시험을 보고 나서 등산을 갔습니다.

(5) 밥을 먹고 나서 설거지를 합니다.

3. (1) 네. 이제는 겨울보다 여름이 좋아졌습니다.

(2) 학교에 오는 길에 분티안 씨는 넘어져서 다리를 다쳤습니다.

5. (1) 아니요. 이번 시험은 합격했습니다.

(2) ④

(3) ②

제14과

질문

1. 한국에서는 그릇을 놓고 먹어야 합니다. 그리고 술도 다른 사람이 따라 줘야 하고 또 어른에게는 두 손으로 따라 드려야 합니다.

2. 어른을 만나면 머리를 숙여서 인사를 해야 합니다.

활동 I

1. (1) 한국 사람들은 김치를 많이 먹다.

(2) 시간이 있으면 자주 한국 음악을 듣는다.

(3) 너무 창피하면 얼굴이 빨개진다.

(4) 저는 대학원생이 아니다.

(5) 이 사람은 제 친구다.

(6) 내일은 안개가 끼고 바람이 볼 것이다.

(7) 요즘에는 바빠서 친구를 거의 만나지 않는다.

(8) 어제 본 영화가 별로 재미없었다.

2. (1) 키가 크며 날씬합니다.

(2) 시원하며 바람이 붑니다.

(3) 사토미 씨는 성격이 밝으며 부지런합니다.

(4) 밤에 보통 숙제를 하며 과자를 먹습니다.

(5) 어머니께서는 지금 요리를 하시며 전화를 받으십니다.

3. (1) 어른과 술을 마실 때 고개를 돌리고 마십니다.

(2) 어른이 먼저 음식을 드시거나 술을 마시기 전에는 먹거나 마시면 안 됩니다.

5. (1) ④

(2) 외국에서 살 때는 그 나라의 언어를 배우는 것도 중요하고 문화를 아는 것도 중요합니다.

제15과

1. (1) 저는 한국 문학에 대해 (서) 공부하고 있어요.

(2) 송혜교에 대해 (서) 더 알고 싶어요.

(3) 직업과 나이에 대해 (서) 질문해요.

(4) 한국의 관광지에 대해 (서) 자주 검색해요.

2. (1) 학생증을 잃어버렸거든요.

(2) 저는 짠 걸 못 먹거든요.

(3) 모레 파티가 있어서 입어야 하거든요.

(4) 이건 좀 크거든요.

(5) 너무 길거든요.

3. (1) 분티안 생일파티에 갔다.

(2) 좋아하고 운동도 좋아한다.

(3) 주말에 시간이 있으면 학교에서 가끔 같이 탁구를 친다.

(4) 늦게 집에 돌아왔다.

(5) 집에 일찍 와서 숙제도 하고 시험 준비도 해야 한다.

4. (1) 앞머리는 길어서 짧게 잘랐으면 좋겠어요.

(2) 옆머리하고 뒷머리도 깔끔해 보이게

(3) 손님은 얼굴이 하얘서

(4) 짙은 밤색으로 하는 게 어떠세요?

(5) 그럼 짙은 밤색으로 염색을 해 주세요.

5. (1) 어제 밤에 한국어능력시험에 떨어질까 봐 걱정을 많이 하느라고 잠
을 못 잤기 때문입니다.

(2) ×　○　○

7. (1) 중국

(2) ②

제16과

질문

1. 아니요. 자전거를 3년 만에 타서 아까 넘어질 뻔했어요.

2. 길을 잃어버릴 뻔했습니다.

활동I

1. (1) 3일 만에 전화해요.

(2) 일주일 만에 하는 데이트입니다.

(3) 12시간 만에 밥을 먹어요.

(4) 10개월 만에 고향에 갑니다.

2. (1) 교통사고가 날 뻔했어요.

(2) 물에 빠질 뻔했어요.

(3) 넘어질 뻔했어요.

(4) 물을 쏟을 뻔했어요.

(5) 팔을 다칠 뻔했어요.

활동II

3. (1) 비자 기간을 연장하러 왔어요.

(2) 오늘은 비자 만기일이고 하루만 더 늦게 왔으면 큰일날 뻔했어요.

5. (1) ③

(2) ④

(3) ③

질문

1. (1) 샤브샤브를 먹었습니다. 그리고 술도 많이 마셨습니다.

   (2) 병원에 가야 합니다.

2. 운동하다가 넘어져서 팔을 다쳤습니다.

활동 I

1. (1) 남자 친구인가 봐요.

   (2) 머리가 아픈가 봐요.

   (3) 네. 아이가 자나 봐요.

   (4) 운동을 많이 했나 봐요.

   (5) 비가 오나 봐요.

2. (1) 저는 음식을 만들 테니까 이설 씨는 청소를 하세요.

   (2) 내일은 눈이 올 테니까 옷을 따뜻하게 입으세요.

   (3) 이따가 선생님께서 전화하실 테니까 좀 기다립시다.

   (4) 기말 고사가 어려울 테니까 열심히 준비하세요.

   (5) 내일은 절대로 늦지 않을 테니까 적정하지 마세요.

3. (1) 지으려고　　(2) 나았어요　　(3) 벗어야

   (4) 부어서　　　(5) 씻어야

활동 II

4. (1) ④

   (2) 주사를 맞고 나서 이틀 동안 약을 먹어야 됩니다.

6. (1) 먼저 무조건 앉아서 쉬어야 한다. 그리고 자리에 앉으면 신발과 양
      말을 벗어야 한다.

   (2) ○ × ○ ×

질문

1. 한국은 다른 나라에 비해서 중국과 가깝기 때문에 앞으로 많은 교류가 있을 겁니다. 그래서 한국 회사에서 일하려고 합니다.
2. 아니요. 왕영 씨는 한국 전통 문화뿐만 아니라 한국 음식도 좋아합니다.

활동Ⅰ

1. (1) 손에 비해서 발이 커요.
   (2) 작년에 비해서 비가 많이 와요.
   (3) 1집에 비해서 노래가 안 좋아요.
   (4) 옛날 집에 비해서 크고 편해요.
   (5) 예전에 비해서 실력이 좋아졌어요.
2. (2) 겨울에는 날씨가 추울 뿐만 아니라 눈도 많이 옵니다.
   (3) 친구는 그림을 잘 그릴 뿐만 아니라 노래도 잘 부릅니다.
   (4) 생일파티에서 음식을 많이 먹을 뿐만 아니라 재미있게 놉니다.
   (5) 그 배우가 멋있을 뿐만 아니라 연기도 잘합니다.

활동Ⅱ

3. (1) 무한 씨의 짐을 적을 뿐만 아니라 이삿짐센터 분들이 정리를 잘 해 주거 가셔서 빨리 끝났습니다.
   (2) ②
5. (1) 처음에는 한국말도 못하고 아는 사람도 별로 없어서 무척 힘들었다.
   (2) ① ○   ② ×   ③ ○   ④ ○

질문

방은 깨끗하고 침대와 옷장 같은 가구가 있는 방이었으면 좋겠습니다.

활동 I

1. (1) 언제든지　　　(2) 무엇이든지　　　(3) 어떻게든지
　(4) 어디든지　　　(5) 누구든지

2. (1) 따뜻한 물을 많이 마시고 충분히 쉬기만 하면 돼요.
　(2) 교통 질서를 잘 지키기만 하면 돼요.
　(3) 날마다 운동을 열심히 하기만 하면 돼요.
　(4) 쓰레기 분리 수거를 잘 하기만 하면 돼요.
　(5) 한국 친구를 사귀기만 하면 돼요.

활동 II

3. (1) 한 달에 35만 원 정도 집을 구하고 싶습니다.
　(2) 아니요. 학교까지 조금 멀어요.

5. (1) ②
　(2) 친구 대신에 전화했습니다.
　(3) 25만 월씩 내기만 하면 됩니다.

제20과

1. (1) 운동을 하기 위해서 걸어 다닙니다.
　(2) 듣기 능력을 늘리기 위해서 뉴스를 들어요.
　(3) 기말고사를 잘 보기 위해서 열심히 공부하는 것 같아.
　(4) 동록금을 벌기 위해서 아르바이트를 해야 합니다.

2. (1) 학교에 오다가 커피를 샀어요.
　(2) 공부를 하다가 졸려서 커피를 마셨어요.
　(3) 동대문에 살다가 회사가 멀어서 명동으로 이사했어요.
　(4) 산에 올라가다가 다리가 아파서 내려왔어요.
　(5) 영화를 보다가 나왔어요.

3. (1) 어버지
　(2) 어른

(3) 귤

(4) 하늘

(5) 배우

4. (1) 탁구 친 지 15년이 되었어요.

(2) 오래돼서 이렇게 잘 치는군요.

(3) 오래만에 쳐서 잘 못 치겠어요.

(4) 5년 만에 치는 거예요.

(5) 넘어질 뻔했어요.

5. (1) 소화가 안 됩니다.

(2) ②

7. (1) 한국에 관심을 갖게 되고 한국은 다른 나라에 비해서 가깝기 때문이다.

(2) ②

찾아보기

긴장하다 紧张 （제13과）

김장【名】腌泡菜 （제19과）

ㄲ

까만색【名】黑色 （제11과）

깔끔하다【形】利落,干练 （제15과）

깜짝【副】吓一跳 （제14과）

깨닫다【他】明白,领会 （제4과）

껌【名】口香糖 （제14과）

꼼꼼하다【形】仔细,细心 （제18과）

끄다【他】熄灭,关 （제2과）

끊다【他】剪,断 （제14과）

끓다【自】烧开;发烧;沸腾,洋溢 （제7과）

ㄴ

낙지【名】章鱼 （제1과）

낚시 钓鱼 （제3과）

날씬하다 苗条 （제6과）

남다【自】剩余,留 （제4과）

남원 南原 （제12과）

남을 잘 배려하다 关怀别人 （제14과）

낫다【形、自】好,强;痊愈 （제17과）

넘어지다【自】倒,倒闭 （제13과）

노랗다【形】黄 （제8과）

노력하다 努力 （제18과）

농구 篮球 （제4과）

농담【名】玩笑,戏言 （제6과）

높임말【名】敬语,尊称 （제14과）

드디어【副】终于　　　　　　　　　　　　　　　（제16과）

디지털【名】数码　　　　　　　　　　　　　　（제18과）

드라이클리닝하다【动】干洗　　　　　　　　（제15과）

드라이하다 吹头发　　　　　　　　　　　　　（제11과）

드라이하다【他】吹风,干洗　　　　　　　　　（제11과）

등록금【名】学费　　　　　　　　　　　　　　（제16과）

ㄸ

따로【副】分开,单独,各自　　　　　　　　　（제20과）

따르다【他】跟着,跟随　　　　　　　　　　　（제14과）

떨어지다【自】掉,落　　　　　　　　　　　　（제13과）

뚱뚱하다 胖乎乎　　　　　　　　　　　　　　（제6과）

뚱뚱하다【形】胖,胖乎乎　　　　　　　　　　（제6과）

뛰어가다【自、他】奔跑　　　　　　　　　　　（제13과）

뛰어오다【动】跑来,赶来　　　　　　　　　　（제12과）

ㄹ

로션【名】润肤露　　　　　　　　　　　　　　（제12과）

롯데월드【名】乐天世界　　　　　　　　　　　（제9과）

린스【名】护发素　　　　　　　　　　　　　　（제8과）

ㅁ

마음에 들다 称心,中意　　　　　　　　　　　（제1과）

마음이 따뜻하다 心温暖　　　　　　　　　　（제18과）

마주【副】相对　　　　　　　　　　　　　　　（제14과）

마지막【名】最后,结尾　　　　　　　　　　　（제9과）

마치다【他】结束,完成　　　　　　　　　　　（제11과）

만나다 见面　　　　　　　　　　　　　　　　（제7과）

바닷가 海边 （제12과）

바닷가【名】海边 （제17과）

바둑/장기 두기 下围棋/象棋 （제3과）

바로【副】正,端正；直 （제12과）

바르다【他】上,涂抹 （제17과）

바쁘다 忙 （제1과）

발목【名】脚脖子 （제17과）

발목을 삐다 崴脚 （제17과）

밝다【形、动】明亮 （제14과）

밤늦다【形】夜深 （제20과）

밤색【名】栗色,褐色 （제15과）

방이 넓다 房间宽敞 （제19과）

방이 밝다 房间明亮 （제19과）

방이 좁다 房间狭窄 （제19과）

방이 어둡다 房间黑暗 （제19과）

배구 排球 （제4과）

배낭여행【名】背包旅行 （제3과）

배드민턴 羽毛球 （제4과）

배우【名】演员 （제2과）

버리다【他】扔；抛弃 （제16과）

벗다【他】脱；摘 （제9과）

별로【副】不怎么,特别 （제6과）

별일 없다 没什么事 （제1과）

보고서【名】报告 （제4과）

보조개【名】酒窝 （제6과）

봉사 활동 服务活动 （제7과）

부끄럽다 害羞 （제13과）

부끄럽다【形】害羞 （제8과）

새로 짓다 新建 （제19과）

생활용품【名】生活用品 （제8과）

샤브샤브【名】火锅 （제1과）

샴푸【名】洗发水 （제8과）

서툴다【形】生疏 （제3과）

선수【名】选手 （제4과）

선약【名】预约,有约在先 （제13과）

선택하다【他】选择 （제5과）

설거지【名】刷碗 （제17과）

설명서【名】说明书 （제8과）

설명하다【他】说明,解释 （제6과）

설사【名】腹泻 （제17과）

섬 岛 （제12과）

섭섭하다 舍不得 （제13과）

섭섭하다【形】难舍,可惜 （제13과）

성실하다【形】诚实,老实 （제6과）

세우다【他】创,立 （제8과）

세탁소【名】洗衣房（店） （제15과）

소개하다【他】介绍 （제7과）

소용없다 没用 （제16과）

소풍【名】郊游,散心 （제9과）

소화【名】消化 （제20과）

속상하다 伤心 （제13과）

속이 답답하다 胸闷 （제17과）

속초 束草 （제12과）

손바닥【名】手掌 （제20과）

손을 데다 烫伤手 （제17과）

수리하다【他】修理,维修 （제8과）

쓰레기 분리수거 垃圾分类 （第9과）

씹다【他】嚼 （第14과）

씻다【他】洗,擦 （第17과）

씻다【他】洗,刷洗;擦 （第6과）

○

아까【名、副】刚才 （第2과）

아깝다 遗憾,可惜 （第16과）

아시아【名】亚洲 （第2과）

아이를 낳다 生孩子 （第7과）

악기 연주 乐器演奏 （第3과）

알맞다【形】合适,正好 （第5과）

알아듣다【他】听懂 （第2과）

앞머리【名】额头;刘海儿 （第11과）

앞머리를 다듬다 修剪刘海 （第11과）

애완동물 출입 금지 宠物出入禁止 （第9과）

액션 영화 动作电影 （第2과）

액션【名】动作,武打 （第2과）

야구 棒球 （第4과）

야근【名】夜班 （第13과）

약간【名、副】一些,若干 （第17과）

양보하다【他】让步,谦让 （第14과）

어느새【副】不知什么时候 （第3과）

어뜨리다【他】使掉下 （第17과）

어른【名】成年人,大人 （第9과）

어리다【形】幼,小,少 （第3과）

어울리다【自】合得来,协调 （第6과）

얻다【他】得到 （第4과）

외향적이다【形】外向 （ 第6과 ）

용산【名】龙山 （ 第16과 ）

웃기다【自】逗,可笑 （ 第2과 ）

웃다【自】笑 （ 第17과 ）

원룸【名】单间 （ 第19과 ）

월세【名】月租 （ 第19과 ）

위험하다【形】危险 （ 第13과 ）

유럽【名】欧洲 （ 第1과 ）

유리컵【名】玻璃杯 （ 第17과 ）

유행【名】流行 （ 第11과 ）

음악/영화 감상 音乐/电影鉴赏 （ 第3과 ）

의논하다【他】商量,商议 （ 第13과 ）

이사【名】搬家 （ 第13과 ）

이사하다【动】搬家 （ 第19과 ）

이삿짐【名】搬家东西 （ 第13과 ）

이삿짐센터【名】搬家公司 （ 第18과 ）

이탈리아【名】意大利 （ 第1과 ）

이해하다【他】理解 （ 第2과 ）

이혼하다 离婚 （ 第7과 ）

익숙하다【形】熟练,熟悉 （ 第2과 ）

익숙해지다 变熟练 （ 第18과 ）

인상적【冠、名】印象深刻的 （ 第10과 ）

일단【副】一旦 （ 第3과 ）

일반적【冠、名】一般,普通 （ 第15과 ）

일손【名】人手 （ 第19과 ）

입다【他】穿 （ 第1과 ）

입원【名】入院,住院 （ 第7과 ）

잇몸【名】牙龈,牙床 （ 第17과 ）

ㅈ

친절하다【形】亲切,热情　　　　　　　　　　（제18과）

ㅋ

컵【名】杯子　　　　　　　　　　　　　　　（제10과）

코미디 영화 喜剧电影　　　　　　　　　　　（제2과）

코트【名】大衣,外衣　　　　　　　　　　　　（제15과）

큰 소리로 떠들다 大声喧哗　　　　　　　　　（제14과）

큰일나다【自】出大事(了)　　　　　　　　　（제16과）

타다【自】晒,燃烧;【他】乘,坐　　　　　　　（제1과）

탁구 乒乓球　　　　　　　　　　　　　　　　（제4과）

탕수육【名】糖醋里脊　　　　　　　　　　　　（제2과）

ㅌ

태권도 跆拳道　　　　　　　　　　　　　　　（제4과）

테니스 网球　　　　　　　　　　　　　　　　（제4과）

토하다 吐　　　　　　　　　　　　　　　　　（제17과）

통역관【名】翻译官　　　　　　　　　　　　　（제3과）

통역사【名】翻译员　　　　　　　　　　　　　（제3과）

통장【名】存折　　　　　　　　　　　　　　　（제16과）

특히【副】特别,尤其　　　　　　　　　　　　（제3과）

ㅍ

파란색【名】蓝色　　　　　　　　　　　　　　（제1과）

파랗다【形】蓝　　　　　　　　　　　　　　　（제10과）

파마하다 烫头　　　　　　　　　　　　　　　（제11과）

파마하다【动】烫头,烫发　　　　　　　　　　（제11과）

팔【名】胳膊　　　　　　　　　　　　　　　　（제17과）

폭포 瀑布　　　　　　　　　　　　　　　　　（제12과）

훌륭하다【形】优秀, 出色 （제3과）

훨씬【副】更, 多 （제11과）

흑돼지【名】黑猪肉 （제1과）

흘리다【他】流, 掉 （제17과）

흥미롭다【形】有意思, 有趣 （제9과）

문법

-거나 （제2과）

-거든요 （제13과）

- 게 （제6과）

- 게 되다 （제18과）

- 고 나서 （제13과）

- 군요 / - 구나 （제16과）

-기로 하다 （제9과）

-기만 하면 되다 （제19과）

-기 때문에 （제7과）

-기 시작하다 （제7과）

-기 위해 (서) （제16과）

-기 전에 （제8과）

-나요?/(으) ㄴ가요?/(으) ㄹ건가요? （제7과）

-나 보다/(으) ㄴ가 보다 （제17과）

-느라고 （제11과）

-는데(2) （제18과）

-는 게 어때요? （제11과）

-는 동안 （제1과）

- ' ㄷ ' 불규칙 （제4과）

- 다가 （제17과）

- 만에 （제16과）